Jobsharing auf Managementebene

Analyse des Arbeitsmodells Jobsharing für Führungskräfte
unter Berücksichtigung von Gender Diversity Management

Marta Burczyk

Bachelorarbeit betreut von
Prof. Dr. Armin Trost und Herrn Dieter Monka
Hochschule Furtwangen University,
Villingen-Schwenningen, Deutschland, August 2015

©2016 Marta Burczyk

martaburczyk.info@gmail.com

ISBN-10: 1533681651
ISBN-13: 978-1533681652

Danksagung

An dieser Stelle möchte ich all jenen danken, die mich im Rahmen dieser Bachelorarbeit begleitet haben.

Zunächst möchte ich Herrn Prof. Dr. Armin Trost danken, der meine Arbeit durch seinen fachlichen und persönlichen Rat unterstützt hat und mich zur Veröffentlichung dieser ermutigte.

Vielen lieben Dank auch an Anna Kaiser und Jana Tepe von Tandemploy, die unglaublich schnell, flexibel und ausgesprochen sympathisch auf meine Anfragen eingingen und auch kurzfristige Termine einhielten.

Darüber hinaus möchte ich mich bei meinen Eltern Danuta und Andreas Burczyk sowie Großeltern Lilli und Bernhard Burczyk bedanken, ohne deren Unterstützung mein Studium kaum möglich gewesen wäre.

Größten Dank möchte ich auch meiner Schwester Anna und ihrem Ehemann Torsten Grün aussprechen, durch deren Anregungen meine Arbeit kontinuierlich verbessert wurde.

Ein ganz besonderer Dank gilt außerdem meinem Freund Qiuye Wang, der mich mit äußerst viel Geduld moralisch und fachlich unterstützt hat.

Abstract

According to a recent German law companies are obliged to increase the proportion of female managers in strategic significant departments because women are nationally and even globally underrepresented in management. Simply raising their share, however, won't solve the more profound problem. Part of the thesis is the consideration of reasons to the current situation. Mentioned reasons are the management framework conditions and social norms. Furthermore the working model jobsharing in management will be presented as method that realizes a sustainable change in gender diversity. There are already companies which started projects for gender diversity management in order to acknowledge gender disparity and deal with it. A fact referring to social norms is that women still struggle more between their professional career and family than men do. Besides, society pushes women into their classical roles as home keeper. Studies prove that the main reason for women to quit their job is more time for their family. Another fact referring the management framework conditions is that managers often have to work more than 100 percent based on average working time. Jobsharing in management, later on called leadsharing, may enable qualified women not to choose either a management position or their family. Hence, companies may save experienced executives. In this time flexible working model two mangers own the same position and share their job related responsibilities. The characteristics of leadsharing as well as its benefits and challenges will be introduced in relation to eight reports of experienced leadsharers. Leadsharing has proven to be possible and successful but it's anyway negatively associated with huge effort in communication, dependency within the leadsharing team and infeasibility in management. Thus, the most important requirement for leadsharing is a receptive cooperating company and the perfect partner who can be trusted. The German start-up *Tandemploy* is specialized on matching jobsharing interested employees and companies. Today's technologies and circumstances on the shrinking specialists and executive staff market may also support a jobsharing popularity. For companies which are against stagnation and honestly promote gender equality the adoption of leadsharing is apparently a chance to ensure sustainable gender parity in management.

Inhaltsverzeichnis

B. Leadsharing in der Praxis   31

Abbildungsverzeichnis

Abkürzungsverzeichnis

Abb.	Abbildung
Bzw.	Beziehungsweise
BMFSFJ	Bundesministerium für Familie, Senioren, Frauen und Jugend
DAX	Deutscher Aktienindex
e.V.	Eingetragener Verein
F.	Fortfolgend
Ff.	Fortfolgende
Ggf.	Gegebenenfalls
HR	Human Resources
I.d.R.	In der Regel
IW	Institut der deutschen Wirtschaft Köln
KMU	Kleine und mittlere Unternehmen
LS	Leadsharing/Leadsharer
Min.	Minute/n
S.	Seite
TzBfG	Teilzeit- und Befristungsgesetz
TU	Technische Universität
U.a.	Unter anderem
Vgl.	Vergleich
Z.B.	Zum Beispiel

Vorwort von Armin Trost

Seit vielen Jahren beobachte ich die Nachwuchsprogramme unterschiedlichster Unternehmen. Dabei stelle ich fest, dass in den sogenannten „Talent Pools" nicht selten mehr Frauen oder mindestens so viele Frauen vertreten sind, wie Männer. Am Ende erreichen aber nur wenige Frauen höhere Führungsebenen. Dies liegt nicht an den Fähigkeiten der Frauen sondern an dem unterschiedlichen Führungsverständnis weiblicher und männlicher Führungskräfte. Und nach wie vor sind in vielen Unternehmen die oberen Führungsetagen männlich dominiert, mit einem Führungsverständnis, dass auf uneingeschränkte Mobilität, Erreichbarkeit, Verpflichtung gegenüber dem Unternehmen setzt. In gewisser Weise ist dies ein „asoziales" Führungsverständnis, denn es lässt kaum Räume für ein gesundes Leben jenseits des Unternehmens, das Freunde oder Familie zulässt. Frauen wollen das nicht – zum Glück.

In einer modernen, gesunden Arbeitswelt werden wir nach neuen Ansätzen suchen müssen, nicht nur wie Führung funktioniert, sondern auch wie Führung gelebt werden kann. Ein viel versprechender Ansatz ist das Teilen einer Führungsposition durch zwei Frauen. Warum nicht? Die übliche Sichtweise, wonach eine Führungskraft ein einsamer Entscheider an der Spitze ist, der Held, der Führer ist in Anbetracht zunehmender Komplexität ohnehin ein fragwürdiger Ansatz. Umso schneller sich dieser Ansatz durchsetzt, desto eher werden wir lernen, dass dieser Ansatz den Unternehmen, den Geführten und den Führenden gut tut – nicht nur Frauen, sondern Männern ebenso.

Einleitung

Mit der Diskussion und gesetzlichen Verankerung der Frauenquote im April dieses Jahres steigt in Unternehmen der Druck, den Frauenanteil auf Managementebene anzuheben. Die von der Bundesregierung erlassene Geschlechterquote, die aufgrund des vorwiegenden Defizits weiblicher Führungskräfte medial als Frauenquote bezeichnet wird, soll bewirken, dass in den strategisch bedeutenden Hierarchieebenen eine Parität zwischen Frauen und Männer geschaffen wird.[1] Fraglich ist allerdings, ob es ausreichend ist, das Management förmlich zu 30 Prozent mit Frauen aufzustocken. Erst letztes Jahr haben laut der *Zeit* über 40 Prozent der Frauen in den DAX 30 Vorständen ihren Posten verlassen. Im Gegensatz zu Männern, die ebenfalls einen Managementposten aufgaben, nahmen diese Frauen selten wieder eine ähnliche Position ein.[2]

Es scheint, dass dieses Ungleichgewicht aus einem profunderen Problem resultiert. Folglich ist anzunehmen, dass gestellte Rahmenbedingungen der Führungsebene massiv von einem immer dagewesenen Männerüberschuss geprägt sind und sonach eine Hürde für weibliche Manager bilden. Zudem werden soziokulturelle Einflüsse für die Ungleichstellung vermutet. Erste Erfolge in der Geschichte der Emanzipation liegen nicht weit zurück, demzufolge klassische Rollenverteilungen von Frauen und Männern gesellschaftlich weiterhin präsent sein können. In ihren klassischen Rollen

---

[1]Vgl. Anhang A2; IW 2013, S. 7
[2]Vgl. Bund 2014, In: Die Zeit.

kümmert sich die Frau um den Haushalt und die Familie während Männer für den Lebensunterhalt ihren erlernten Beruf ausüben[3]. Und in der Tat geben gemäß Statistiken wie der in der *Zeit* Frauen häufiger ihren Beruf gänzlich auf.

Die tragende Frage ist ferner, welche Maßnahmen es nachhaltig ermöglichen, dass Frauen und Männer gleichermaßen Führungsposition in allen Hierarchieebenen ausüben.

Im Rahmen der These wird Jobsharing auf Managementebene als eine dieser Maßnahmen analysiert. Bei Jobsharing teilen sich zwei Arbeitnehmer eine Position. Im Prinzip kann der Arbeitsaufwand je Arbeitnehmer halbiert werden und die Position weiterhin zu 100 Prozent besetzt sein.[4] Wird dieses Prinzip für Führungskräfte angewandt, stellt es in Bezug zu einer Rahmenbedingung des Managements eine große Chance für Frauen und Unternehmen dar. Das Management ist bekannt für eine hohe Präsenzbereitschaft von nicht selten über 100 Prozent gemessen an den durchschnittlichen Arbeitsstunden.[5] Männer können getreu ihrer Rolle diese Bedingung fast problemlos erfüllen. Frauen, die beruflich ebenso qualifiziert sind wie Männer, wird an dieser Stelle u.a. ihre biologische Eigenschaft zum Verhängnis. Während und nach einer Schwangerschaft ist eine 100 prozentige Präsenzbereitschaft beinahe unmöglich. Weibliche Führungskräfte sind in dieser Situation nicht selten gezwungen, ihre Arbeitszeit zu verkürzen und damit ihrer Karriere ein

---

[3]Vgl. Gottschalck 2008, S. 206 f.
[4]Vgl. BMFSFJ 1999, S. 51 ff.
[5]Vgl. Forsthuber 2014, S. 94; Borghardt 2012, S. 74.

Ende zu bereiten[6]. Den Unternehmen gehen in diesen Fällen hochqualifizierte Arbeitnehmer verloren. In der heutigen Zeit, in der der demografische Wandel zunehmend einen Fach- und Führungskräftemangel verursacht, ist dieser Verlust fatal[7].

Dieser Umstand erklärt die Entstehung der gesetzlichen Frauenquote, die die unternehmensinterne Etablierung des Gender Diversity Managements mit herbeiführte. Gender Diversity Management befasst sich grob definiert mit der Geschlechterungleichstellung und bildet erfahrungsgemäß das Fundament für flexibilisierte Arbeitsmaßnahmen wie beispielsweise der Einführung von Jobsharing.[8]

Hinsichtlich dieses Sachverhaltes lautet die These: Jobsharing auf Managementebene ist eine Maßnahme, die es nachhaltig ermöglicht, dass Frauen und Männer gleichermaßen Führungspositionen in allen Hierarchieebenen ausüben.

Im Folgenden wird der Aufbau der These schrittweise dargelegt.

Zunächst werden in Teil A, bestehend aus Kapitel 1 und 2, die tragenden Thesenaspekte theoretisch erörtert. Der erste Thesenaspekt setzt sich in Kapitel 1 zusammen aus Management und Führung. Diese beiden Terme werden nach ihrer Relativierung einzeln aufgeführt. Bei dem Term Manage-

---

[6]Vgl. Bund 2014, In: Die Zeit Nr. 49 2014/12.
[7]Borghardt 2012, S. 75.
[8]Vgl. Boes, Bultemeier und Trinczek 2014, S. 74.

ment liegt der Fokus auf den Managementebenen eines Unternehmens. Unter dem Begriff Führung werden allgemeine Charakteristika des Arbeitsalltags von Führungskräften überliefert sowie Kompetenzen, die sie ausmachen, und Rollen, die sie repräsentieren.

Kapitel 2 stellt den zweiten Thesenaspekt, das Arbeitsmodell Jobsharing, vor. Nach der Definition des Fachwortschatzes, gliedert sich das Kapitel neben den wesentlichen Bestandteilen einer Jobsharing Vereinbarung in eine Gegenüberstellung von Jobsharing und dem für Jobsharing ausgehenden Arbeitsmodell, der Teilzeitarbeit. Innerhalb der Begriffsdefinition ergibt sich das neue Wort Leadsharing, das fortan für Jobsharing auf Managementebene steht.

Der auf Teil A aufbauende Teil B, der aus den Kapiteln 3 und 4 besteht, befasst sich mit der Praxisnähe von Leadsharing. Vorab wird in Kapitel 3 Stellung zu Gender Diversity Management genommen. Die wichtigsten Fakten bezüglich der Frauenquote werden dargelegt und aktuellste Maßnahmen des Gender Diversity Managements namhafter Unternehmen präsentiert. Im Anschluss folgt eine auf Studien basierte Ursachenuntersuchung geschlechtsbezogener Stereotype. Diese Untersuchung soll beweisen, dass die Ungleichstellung der Geschlechter sich auf bestimmte soziokulturelle Normen für Frauen wie Männer zurückführen lässt und besonders Frauen beruflich negativ beeinflusst.

Im darauffolgenden Kapitel 4 wird in Verbindung mit acht Praxisberichten von Leadsharing Pionieren das Konzept in seiner Umsetzung erörtert. Zum Bestand der Erörterung gehören die besonderen Charakteristika von Leadsharern und die Konfrontation der organisatorischen sowie individuellen Vorteile mit den einhergehenden Herausforderungen des Arbeitsmodells. Abschließend wird im Ausblick die künftige Realisierbarkeit des Arbeitsmodells begutachtet. Im Zuge eines Aspekts wird das Unternehmen *Tandemploy* vorgestellt.

Im Fazit stehen komprimiert die prägnantesten Erkenntnisse der Arbeit in Stellungnahme zu der These.

Die theoretischen und praktischen Ansätze sowie Modelle, die in der These enthalten sind, werden begrenzt diskutiert. Da ihre Erörterung nicht als abschließend betrachtet werden kann, sind andere Betrachtungen der These vertretbar.

Teil A. Theoretische Einführung der tragenden Thesenaspekte

1. Management und Führung

Management und Führung können als die zwei Seiten der Organisation betrachtet werden. Die Seite des Managements verkettet die harten Faktoren wie etwa Strukturen, Maßnahmen und Ziele. Im Gegensatz dazu verbindet die Seite der Führung die weichen Faktoren, da sie vielmehr mit der Inspiration bzw. Motivation von Arbeitskräften und Vermittlung von Visionen assoziiert wird. Die Unterscheidung von harten und weichen Faktoren liegt bei der Messbarkeit. So werden messbare Faktoren als hart bezeichnet und inkommensurable Faktoren als weich.[9] Da in der Praxis die Trennung von Management und Führung geradezu undenkbar ist, werden diese beiden und zur Wortfamilie gehörigen Begriffe nach ihrer ausgelegten Differenzierung synonym verwendet.[10]

1.1. Management

„Management
ist zielorientiertes Gestaltungs- und Lenkungshandeln in Betrieben als organisierten, kontinuierlich zweckgerichteten

---

[9]Vgl. Heuer 2014b, S. 65.

[10]„The separation of leadership from management is utterly destructive" sagt Henry MINTZBERG in einem Interview zum Thema „Managing – Pure and Simple"; http://www.mintzberg.org/videos ab Min. 5:32, zuletzt geprüft am 23.07.2015.

menschlichen Handlungsgemeinschaften."[11]

Gemäß dieser Definition kann die Aufgabe des Managements insoweit konkretisiert werden, dass das Management ein Unternehmen formell organisiert und über Entscheidungen u.a. neue Maßnahmen einleitet. Diese sollen zweckdienlich das Erreichen bestimmter Ziele begünstigen, welche dazu führen, dass ein Unternehmen langfristig erfolgreich bestehen bleibt.

1.1.1. Ebenen des Managementsystems

In Abbidung 1 werden alle Managementebenen eines Unternehmens in einer Pyramide demonstriert. Diese Darstellung entspricht der klassischen Struktur einer Hierarchie. Dabei steht die Realisierbarkeit und Ausprägung der einzelnen Ebenen in Relation zu der Mitarbeiterzahl und Leitungstiefe. Je weniger Kontrolle bzw. Entscheidungsspielraum einzelnen Ebenen zugewiesen ist, desto mehr Ebenen bestehen und mögen mit wachsendem Personal entstehen. Dies führt zu einer steilen hierarchischen Pyramide, die häufig in langwährenden tradierten Unternehmen zu finden ist.[12]

Inzwischen ist der Trend zu flacheren Hierarchien in modernen Unternehmen wie *Google* und *Facebook* sichtbar. Begünstigt durch eine freie Kommunikationkultur zwischen den Ebenen neigen diese Unternehmen zu weniger Kontrollbe-

---

[11]Jung, Bruck und Quarg 2013, S. 6.
[12]Vgl. Schreyögg 2008, S. 131 ff.
[13]Vgl. Richter 1999, S. 54. Darstellung minimal modifiziert.

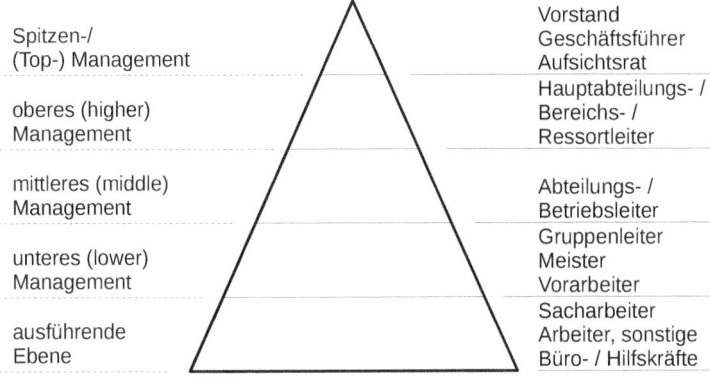

Spitzen-/ (Top-) Management		Vorstand Geschäftsführer Aufsichtsrat
oberes (higher) Management		Hauptabteilungs- / Bereichs- / Ressortleiter
mittleres (middle) Management		Abteilungs- / Betriebsleiter
unteres (lower) Management		Gruppenleiter Meister Vorarbeiter
ausführende Ebene		Sacharbeiter Arbeiter, sonstige Büro- / Hilfskräfte

Abb. 1: Ebenen des Managementsystems[13]

schränkungen und delegieren Verantwortung stärker.[14]

Unabhängig davon hat für gewöhnlich jedes Management-system unterschiedliche Leitungsspannen bedingt durch die gesonderte Gewichtung von Kompetenzen je Ebene. Die unterste Ebene, die *ausführende Ebene*, entzieht sich im weiteren Sinne den Aufgaben des Managements. Wie der Name schon impliziert, werden hier die von dem Management beschlossenen Anweisungen ausgeführt. Der Entscheidungsspielraum umfasst besonders in steilen Hierarchien lediglich und auch nur begrenzt den eigenen Arbeitsbereich.

Ab dem **unterem Management** treten die Entscheidungsbefugnis sowie die fachlichen und disziplinarischen Unterweisungen der untergeordneten Ebene ein. Jedoch ist der

---

[14]Vgl. Kaehler 2014, S. 59; Clark 2013, S. 23.

Umfang der Ausführungs- und Durchsetzungskompetenz noch deutlich höher als die Entscheidungskompetenz, die sich auf operative Tätigkeiten beschränkt.

Das **mittlere Management** stellt eine Schnittstelle für das untere und obere Management dar. Hier werden in Kooperation mit dem oberen Management strategische Entscheidungen getroffen und anschließend in operative Zielsetzungen transferiert. Entsprechend wird die Zielsetzung operativ ausgeführt, doch hauptsächlich im unteren Management durchgesetzt.

Die wesentliche Aufgabe des **oberen bzw. Spitzenmanagements** ist es, strategischen Entscheidungen nachzugehen. Zielsetzungen, die hier getroffen werden, beeinflussen sämtliche Strukturen des Unternehmens essentiell. Während in der Pyramide aufsteigend die strategische Bedeutung der Entscheidungen zunimmt, nehmen die Ausführungsfunktion und operativen Entscheidungen ab.[15]

1.2. Die Führungskraft

Führungskräfte (Führung)
sind Angestellte mit der Befugnis Managementebenen abhängige Entscheidungen zu treffen und unterordneten Angestellten Weisungen zu erteilen. Im Topmanagement kommt es vor, dass Unternehmensgründer bzw. –eigner eine Führungsposition einnehmen.[16]

---

[15]Vgl. Jung, Bruck und Quarg 2013, S. 387 ff.
[16]Vgl. Jung, Bruck und Quarg 2013, S. 6; Ignatius 2014, S. 50 ff.

„Die mit Abstand wichtigste Aufgabe von Führungskräften ist [...] die Erreichung von Organisationszielen sicherzustellen"[17]. Um dieser Aufgabe mächtig zu sein, müssen Führungskräfte bestimmte Voraussetzungen erfüllen und sich hoher Leistungsansprüche bewusst sein. Trotz der variierenden Details in den Arbeitsprozessen bedingt durch eine mehr strategische oder operative Ausrichtung der Zielvorgaben[18] haben Führungskräfte aller Managementebenen einen ähnlich strukturierten Arbeitsalltag. Im Nachfolgenden werden in 1.2.1 bis 1.2.3 die genannten Punkte näher erläutert.

1.2.1. Allgemeine Charakteristika der Arbeit von Führungskräften

In der zweiten Hälfte des 20sten Jahrhunderts führten mehrere Wirtschaftswissenschaftler, u.a. der weltweit renommierte Experte für Management Henry MINTZBERG, Studien zum Aktivitätsmuster von Führungskräften durch.

Alle Studien erwiesen Parallelen in **dem Aktivitätsniveau, der Fragmentarisierung und dem großen Umfang an Kommunikation** mit diversen Personen. Durchschnittlich sind es 50 Aktivitäten pro Arbeitstag, der auf zehn Stunden festgelegt wurde. Zu den fünf beobachteten Aktivitäten der Führungskräfte, die über den Tag meist unbestimmt wiederholt auftreten, gehören *Schreibtischarbeit, Telefonate, mündliche ungeplante Kommunikation sowie geplante Kommunikation und Geschäftsreisen.* Hypothetisch hat ei-

---

[17]Watzka 2014, S. 125.
[18]Vgl. 1.1.1.

ne Führungskraft demnach bloß 12 Min. Zeit je Aktivität. Dieses Ergebnis spiegelt den hohen Aktivitätsgrad der Führungskräfte wieder, der mit der kurzen Zeitspanne pro Aktivität auch auf eine beträchtliche Fragmentarisierung der Arbeit schließt. Über den Tag hinweg werden somit viele diverse Tätigkeiten rasch durchgeführt. Auffällig zeigte sich, dass nur die geplante mündliche Kommunikation den Führungskräften besonders viel Zeit in Anspruch nimmt. Während alle anderen Aktivitäten eine Dauer von weniger als 12 Min. betragen, beansprucht eine geplante mündliche Kommunikation besonders zu Unterstellten[19] mehr als eine Stunde.[20]

Auch wenn gemäß einer aktuelleren Befragung von über 400 Managern mit 75,6% das beliebteste Kommunikationsmittel Emails sind, haben Meetings und persönliche Gespräche mit über 50% immer noch einen maßgeblichen Stellenwert für die Arbeit der Manager[21].

Diese Studien führen auf, dass der Arbeitsalltag einer Führungskraft eines erhöhten Leistungsniveaus bedarf. Um dieses Leistungsniveau zu decken, haben Führungskräfte spezifische Grundkompetenzen[22] vorzuweisen und sich bestimmten Rollenkategorien[23] zu fügen.

---

[19]Vgl. Wahren 1987, S. 49.
[20]Vgl. Jung, Bruck und Quarg 2013, S. 60.
[21]Vgl. Akademie für Führungskräfte der Wirtschaft 2008, S. 10.
[22]Vgl. 1.2.2.
[23]Vgl. 1.2.3.

1.2.2. Managerkompetenzen

Die genaue Bestimmung einzelner Fähigkeiten und Charakterzüge, die einen erfolgreichen Manager ausmachen, ist aufgrund der hohen Komplexität diverser prägender Faktoren nicht möglich. Jedes Land, jede Industrie und gar jede Abteilung innerhalb eines Unternehmens fordert andere professionelle und persönliche Qualifikationen an eine Führungskraft.[24]
Aus diesem Grund kann lediglich „ein Repertoire an grundsätzlich hilfreichen Qualifikationen mit einiger Plausibilität abgeleitet werden"[25], das Managerkompetenzen zusammenfassend in Kategorien wiedergibt.

In einer Kategorisierung nach Robert L. KATZ werden Managerkompetenzen wie folgt in drei Gruppen gegliedert: Technische Kompetenz, soziale Kompetenz und konzeptionelle Kompetenz.[26]
Die technische Kompetenz umfasst Handhabungen der *Planung, Organisation und Kontrolle*, die potentielle Führungskräfte während einer Ausbildung bzw. Fortbildung in der Lage sind zu erlernen. KATZ assoziiert damit insbesondere die *Fachkompetenz*, welche vor allem in Deutschland bei Führungskräften sehr hoch geschätzt wird[27].
Die konzeptionelle Kompetenz bezieht sich auf das Verständnis über sämtliche *Prozesse* und *Systeme* wie auch Ver-

---

[24]Vgl. Sackmann und Klaus 2014, S. 22.
[25]Jung, Bruck und Quarg 2013, S. 79.
[26]Robbins und Coulter 2009, S. 26 f.; Jung, Bruck und Quarg 2013, S. 79 ff.
[27]Vgl. Sackmann und Klaus 2014, S. 16.

netzungen inner- und außerhalb eines Unternehmens. Das schließt die Fähigkeit mit ein, diese Elemente zur Wahrnehmung eintretender Änderungen logisch zu analysieren. Via *Neukonzeptionierung* können Modifikationen mitberücksichtigt werden. Solch eine Vorgehensweise ist dann von Belang, wenn etwa eine in- oder externe Änderung das Unternehmen bei einer Verharrung negativ in ihrer Zielerreichung beeinflusst. Diese Kompetenz bedarf sichtlich des Sinns über betriebs- und volkswirtschaftliche Zusammenhänge. Gegenwärtig ist die konzeptionelle Kompetenz besonders gefragt, da mit voranschreitender Globalisierung zunehmend komplexere und dynamischere Arbeitsabläufe einhergehen. Neben der technischen hat auch die konzeptionelle Kompetenz aufgrund ihrer überwiegend messbaren Größen Einfluss auf die harten Faktoren bzw. das Management.

Die sich auf die weichen Faktoren auswirkende **soziale Kompetenz**, auch Humankompetenz genannt, ist im Gegensatz zu den anderen Kompetenzen weitaus persönlichkeitsabhängiger und dementsprechend schwieriger durch Schulungen zu beeinflussen. Persönlichkeiten entwickeln sich im Laufe eines Lebens und verfestigen sich i.d.R. im Erwachsenenalter. Bei der Personalbeschaffung werden aus diesem Grund Persönlichkeiten bereits in Bewerbungsgesprächen oder Assessment Centern bestimmten Persönlichkeitsprofilen zugeordnet und die erwartungsgemäß geeignetsten unter Berücksichtigung weiterer Qualitäten eingestellt. Für die Einordnung gewisser Persönlichkeitsprofile werden unterschiedliche Theorien wie etwa die „Big Five" und der „Meyer Briggs

Typen Indikator" als Hilfsinstrumente angewandt[28]. Ein absolut perfektes Persönlichkeitsprofil eines Managers ist allerdings aus genannten Gründen nicht ermittelbar, weshalb von einer näheren Erläuterung der Theorien abgesehen wird. Es hat sich lediglich bewährt, dass Führungskräfte hervorragende *Kommunikations- und Kooperationsfähigkeiten* benötigen sowie einen unternehmenspassenden Bestand persönlicher *Werte*, welcher Einfluss auf ihr Verhalten erzeugt. In Anbetracht der fünf typischen Aktivitäten eines Managers[29], wovon mindestens drei prinzipiell einen direkten Bezug zu Kommunikation haben, könnte sich die soziale Kompetenz als Schlüsselkompetenz der Führungskräfte offenbaren.[30]

Für die unterschiedlichen Ebenen des Managementsystems aus Abbildung 1 ist zudem die Bedeutung der sozialen Kompetenz in jeder Ebene gleich groß. Bei den beiden anderen Kompetenzen ist ein Paradigmenwechsel ähnlich wie in 1.1.1 zu beobachten. Während mit aufwärtssteigender Ebene die Bedeutung der technischen Kompetenz (operative Entscheidungen) abnimmt, nimmt die Relevanz der konzeptionellen Kompetenz (strategische Entscheidungen) zu.[31]

---

[28]Vgl. Steiger und Lippmann 2013, S. 94 ff.
[29]Siehe 1.2.1.
[30]Vgl. Robbins und Coulter 2009, S. 26; Jung, Bruck und Quarg 2013, S. 79 ff.
[31]Robbins und Coulter 2009, S. 27.

1.2.3. Rollenkategorien nach MINTZBERG

MINTZBERG hat erkannt, dass es drei „sets of roles" gibt, die erklären weshalb ein Manager seinen Aufgaben nachgeht: Status Roles, Information Processing Roles und Strategie-Making Roles.[32]

Im ersten Satz, den **Status Roles** (Interpersonelle Rolle), wird die Führungskraft als *Repräsentant* des Unternehmens, *Aktivator* seiner Untergeordneten und *Kontaktperson* beschrieben. In diesen Rollen tritt sie somit als *formale Autorität* auf.

Im zweiten Satz, den **Information Processing Roles** (Informationelle Rollen), wird die Führungskraft metaphorisch als *Nervenzentrum* veranschaulicht. Denn ein Auftrag der Führungskräfte ist es, die ihnen untergeordneten Spezialisten zu vernetzen damit diese ihr Wissen untereinander synergetisch anwenden. Um diesen Vorgang zu fördern, fungiert die Führungskraft als *Informationsverteiler*, der regelmäßig relevante Informationen in Form von Berichten, Mitarbeitergesprächen oder außerbetrieblichen Veranstaltungen weitergibt. Als *Sprecher* ist sie zudem dafür verantwortlich, geplante Vorgehensweisen, Ergebnisse bzw. Fortschritte der höheren Managementebene mitzuteilen und gutheißen zu lassen. In den oberen Ebenen weitet sich das Sprechen auf die Öffentlichkeit aus.

Zu dem letzten Satz, den **Strategy-making Roles** (Entscheidungsrollen), gehören die Rollen, die einen „klassischen Manager" ausmachen. Als Informationsverteiler hat die Füh-

---

[32]Mintzberg 1968, S. 348 ff.

18

rungskraft einen erheblichen Einfluss auf die *Ressourcenverteilung*. Sie bestimmt darüber, wie viel Zeit und Personal einem Thema gewidmet werden. Darüber hinaus agiert sie als *Unternehmer* bei der Einführung innovativer Konzepte und als *Supervisor* über die Soll-Ist-Werte vereinbarter Ziele. Nicht zuletzt sorgt sie als *Krisenmanager* für reibungslose Arbeitsabläufe und ein angenehmes Betriebsklima.[33]

Ein erweiterter Ansatz jüngster Führungstheorien nach KAEHLER ist bedeutend komplexer aufgebaut. U.a. gliedert er darin in der „Führungsheptagon" genannten Darstellung 24 komplementäre Aufgaben in sieben Management Kategorien und Kompetenzen. Auch ist die Sprache von sogenannten „Komplementären Akteuren" wie z.b. geführte Mitarbeiter und HR Betreuer, die neben den Führungskräften Führungsaufgaben übernehmen. Von einer detaillierteren Erläuterung dieser Theorien wird an dieser Stelle abgesehen.[34]

1.3. Zusammenfassung

Management und Führung sind zwei grundsätzliche Faktoren des Organisierens, die gute Führungskräfte gleichermaßen begreifen. Abhängig von der Managementebene liegt ihr Schwerpunkt in operativen oder strategischen Vorhaben und ist ihre Kompetenz technisch oder konzeptionell ausgerichtet. Ihr Arbeitsalltag besteht aus vielen wechselnden kurzweiligen Aktivitäten. Diese Aktivitäten erfordern Ebenen

---

[33]Vgl. Mintzberg 1968, S. 348 ff.; Schirmer 1992, S. 65.
[34]Vgl. Kaehler 2014, S. 79 ff.,185 ff.

überschreitend eine hervorragende Kommunikationskompetenz. Auch in ihren drei auszuübenden Rollensätzen kommt die große Bedeutung von Kommunikation sowie Koordination zum Vorschein.

2. Jobsharing

2.1. Terminologie

Die Bezeichnung Jobsharing ist im Deutschen auch bekannt als „Arbeitsplatz-Teilung", „Tandem-Arbeitsplatz" oder „Partner - Teilzeitarbeit". Die Personen, die Jobsharing praktizieren, werden in der Literatur „Jobsharing - Partner" oder ausgehend von nur zwei Personen „Jobsharing - Paar" genannt.[35] Nachkommend wird in dieser Arbeit für diese Personen der Begriff *Jobsharer* fortgeführt. Zudem formte u.a. Jobsharing Expertin Julia KUARK den Begriff „Topsharing"[36] für die Durchführung von Jobsharing in Führungspositionen. Da die Bezeichnung Topsharing unter Berücksichtigung von Abschnitt 1.1.1 alle Ebenen unter dem Topmanagement begrifflich auszuschließen vermag, wird in dieser Ausführung stattdessen der Begriff *Leadsharing* für Jobsharing auf Managementebene eingeführt.

2.2. Das Arbeitsmodell Jobsharing

Die Grundidee der personalpolitischen Maßnahme ist, dass sich nach gegenseitigem Einverständnis mindestens zwei Personen eine Arbeitsstelle teilen[37]. Nach Georg SCHREYÖGG

---

[35]Vgl. Müller 1986, S. 82; Heymann und Seiwert 1982, Gleitwort; Broel 2013, S. 20.

[36]Kuark 2002, S. 70. http://www.topsharing.ch/broschuere1.php zuletzt geprüft am 01.08.2015.

[37]Vgl. BMFSFJ 1999, S. 51 f.; Heymann und Seiwert 1982; Broel 2013; Walton 1990.

entspricht eine Arbeitsstelle einer Einheit in einem Unternehmen und sie umfasst alle erwarteten Kompetenzen eines Arbeitnehmers für ein zugeschnittenes „Bündel von Aktivitäten"[38]. Die Details einer jeden Vereinbarung werden ferner individuell von Jobsharern sowie Arbeitgebern gestaltet und können dementsprechend nach Bedarf angepasst werden. Die Entfaltung einer Vereinbarung beschränkt sich bedingt durch gesetzliche Vorschriften[39].

Des Weiteren kann Jobsharing in zwei Unterformen gegliedert werden: Job Splitting und Job Pairing.

Bei **Job Splitting** wird ein Arbeitsplatz vorab zeitlich deutlich aufgeteilt. Die Tätigkeit wird von jedem Jobsharer eigenständig ausgeführt und bedarf keines ausgiebigen Informationsaustauschs. Entsprechend erfordern die Aktivitäten kaum Kommunikation unter den Jobsharern. Diese Unterform eignet sich grundsätzlich bei sehr einfach routinierten Aktivitäten, die vorherrschend in der ausführenden Ebene[40] vorkommen.

Bei **Job Pairing** wird ähnlich wie im Job Splitting der Arbeitsplatz zeitlich aufgeteilt. Allerdings bedarf die Tätigkeit eines intensiven Informationsaustauschs zwischen den Jobsharern, da häufig gemeinsam Entscheidungen getroffen werden müssen. Diese Unterform ist für die Aktivitäten von Führungskräften erforderlich.[41]

---

[38]Schreyögg 2008, S. 102.
[39]Vgl. Heymann und Seiwert 1982; Walton 1990, S. 7.
[40]Siehe 1.1.1.
[41]Müller 1986, S. 84 f.

Infolgedessen wird für die These Jobsharing auf Managementebene im engeren Sinne Job Pairing angenommen und anschließend synonym zu Leadsharing verstanden.

2.2.1. Wesentliche Bestandteile einer Jobsharing Vereinbarung

Zur Gewährleistung eines funktionierenden Jobsharing Arbeitsmodells ist es erforderlich, einige wesentliche Interessenpunkte, die von einem Arbeitsvertrag für ein gewöhnliches Arbeitsverhältnis abweichen, vorab zu definieren. Diese Interessenpunkte bilden die Schnittstelle der Interessen der Jobsharer und Arbeitgeber in einer Vereinbarung. Bereits in den 80er Jahren entstanden Musterarbeitsverträge ausgehend von dem amerikanischen Jobsharing-Modell u.a. von dem Arbeitsring der Arbeitgeberverbände der Deutschen Chemischen Industrie e.V. und dem Internationalen Institut für Management und Verwaltung[42]. 2001 trat schließlich das Teilzeit- und Befristungsgesetz (TzBfG) in Kraft, das nun maßgeblich für Jobsharing Verträge ist[43]. Im Nachstehenden werden dieser Musterarbeitsverträge und des TzBfG aufgeführt und partiell anhand von Vorgehensweisen konkretisiert.

- **Aufteilung der Arbeitsstelle**

Der entscheidendste Punkt in der Vereinbarung ist die inhaltliche und zeitliche Arbeitsaufteilung nach Wünschen der

---

[42]Vgl. Müller 1986, S. 94 ff.,336 f.; Heymann und Seiwert 1982, S. 40 ff.
[43]Siehe Anhang A1.

Jobsharer. Von Arbeitgeberseite ist an dieser Stelle von Bedeutung, dass jeder Jobsharer für einen bestimmten Zeitraum einen gewissen Arbeitszeitanteil erbringt und sie gemeinsam ihr Arbeitspensum bewältigen.[44] Rechtlich ergibt sich der Anspruch auf Arbeitsteilung aus §13 TzBfG[45].

Für die korrekte Dokumentation der Arbeitsaufteilung ist die Erstellung eines Arbeitsplanes förderlich. Der Arbeitsplan könnte sich nach den Jobsharing-Typologien von Heymann und Seiwert dargestellt in Abbildung 2 richten. Darin werden sechs Jobsharing-Modelle in einer Matrix dargestellt, die sich von den beiden Dimensionen **Anforderungs-Qualifikationsprofil (Dimension 1)** und **zeitliche Ordnung der Anwesenheit (Dimension2)** ableiten lassen.

Anforderungs-	Zeitliche Ordnung der Anwesenheit		
Qualifikationsprofil	zyklisch-Alternierend	parallel	azyklisch-Alternierend
kongruent	Modell1	Modell2	Modell3
komplementär	Modell4	Modell5	Modell6

Abb. 2: Typologien von Jobsharing-Modellen[46]

Dimension 1 besteht aus zwei Extremen des Anforderungs- und Qualifikationsprofils der Jobsharer. Bei dem ersten Extrem, dem kongruenten Profil, wird angenommen, dass alle Jobsharer über deckungsgleiche Anforderungen und Qua-

---

[44]Vgl. Müller 1986, S. 95.
[45]Siehe Anhang A1.
[46]Heymann und Seiwert 1982, S. 329; Vgl. Müller 1986, S. 192.

lifikationen verfügen. Kongruente Jobsharer könnten sich prinzipiell uneingeschränkt gegenseitig ersetzen. Im Gegensatz dazu, sind die Anforderungen und Qualifikationen der Jobsharer in dem zweiten Extrem komplementär zueinander. Jobsharer dieses Profils ergänzen sich in ihrer Arbeit, indem jeder seinen persönlichen Arbeitsbedarf erfüllt.

Dimension 2 setzt sich aus drei zeitlichen Regelungen zusammen, die die Anwesenheit am Arbeitsplatz der einzelnen Jobsharer bestimmen. Die zyklisch-alternierenden Modelle setzen einen festgelegten rhythmischen Wechsel voraus. Sind dagegen alle Jobsharer an ihrem Arbeitsplatz anwesend, ist die zeitliche Ordnung parallel. Zuletzt ist auch möglich, dass der Wechsel keinem bestimmten Zeitrhythmus entspricht. In diesem Fall halten die Jobsharer jeweils Absprache, zu welcher Zeit sie am Arbeitsplatz anwesend sein werden.[47]

Unter Berücksichtigung der gegenwärtigen technischen Möglichkeiten, von einem anderen Ort als dem im Bürogebäude eingerichteten Arbeitsplatz zu arbeiten, soll sich der Ausdruck „Anwesenheit" auf die Telearbeit[48] ausdehnen. Laut einer Statistik der Bitkom, die 2014 veröffentlicht wurde, nutzen bereits über 50% der befragten Angestellten Homeoffice, sprich Telearbeit[49].

---

[47]Heymann und Seiwert 1982, S. 328 f.; vgl. Müller 1986, S. 179.
[48]Gottschalck 2008, S. 278 f. Telearbeit ist im weitesten Sinne die Ausübung der beruflichen Tätigkeit von zu Hause oder einem anderen Ort aus.
[49]Statista: Homeoffice weit verbreitet. http://de.statista.com/ infografik/2495/anteilder-homeoffice-nutzer-in-verschiedenen-beschaeftigungsverhaeltnissen/, zuletzt geprüft am 02.08.2015.

In 4.1 wird auf die für Leadsharing geeigneten Modelle genauer eingegangen.

• **Auflösung der Vereinbarung**

Ein Recht auf Kündigung hat der Arbeitgeber gemäß §11 TzBfG[50], sobald die Jobsharer dauerhaft nicht in der Lage sind ihr Arbeitspensum zu bewältigen oder eine andere verhaltens- oder personenbedingte Verletzung des Arbeitsverhältnisses zugrunde liegt. Ist die Leistungsstörung nur durch einen Jobsharer verursacht, haben die übrigen Jobsharer jedoch laut Mustervertrag des Arbeitsrings Chemie die Möglichkeit, das Arbeitsverhältnis durch einen ersetzenden Jobsharer oder durch die Aufstockung ihrer Arbeitszeit und -inhaltes aufrechtzuerhalten. Zudem wurde bestimmt, dass Jobsharer nicht berechtigt seien, sich untereinander zu kündigen.[51]

• **Vertretung**

In beinahe allen Musterverträgen und auch gemäß § 13 Abs. 1 TzBfG[52] kann die Vertretung eines ausfallenden Jobsharer durch arbeitsfähige Jobsharer vertraglich festgelegt werden, ist aber nicht verpflichtend sofern eine Vertretungspflicht aus betrieblichen Gründen nicht zwingend erscheint.[53]

---

[50]Siehe Anhang A1: §11.
[51]Vgl. Müller 1986, S. 95.
[52]Siehe Anhang A1.
[53]Müller 1986, S. 94 ff.

- **Entlohnung**

In einer Rahmenvereinbarung wurde folgendes festgehalten:
„Der Verdienst ist proportional zu dem einer Vollzeitarbei-
terkraft; dies gilt auch für alle betrieblichen Sozialleistungen".[54] Demzufolge ist davon auszugehen, dass in einer Vereinbarung alle Jobsharer gemeinsam ein Gehalt in Höhe von
einer Vollzeitkraft beziehen. Die Höhe des Gehalts einzelner
Jobsharer erfolgt entsprechend der Proportionierung der Arbeitszeit. Diese Regelung geht auch aus §4 TzBfG[55] hervor.
Ist eine Stelle beispielsweise von zwei Jobsharern zu jeweils
50% ausgelastet, so wird das „Vollzeitgehalt" entsprechend
halbiert.

Auch stehen ihnen sonstige entgeltliche Leistung sowie
ein Zuschlag bei Überstunden zu, die z.b. bei der Vertretung
eines anderen Jobsharers aufkommen, sobald ihre gemeinsa-
me tariflich vereinbarte Arbeitszeit überschritten wurde.[56]

2.2.2. Gegenüberstellung von Jobsharing und Teilzeitarbeit

In der Literatur wird Jobsharing häufig in Zusammenhang
mit Teilzeitarbeit, kurz Teilzeit, gebracht[57]. Grundsätzlich
handelt es sich bei Jobsharing und Teilzeit um Arbeitsmodelle, die eine flexible Arbeitszeit gemein haben. Nach Gottschalck ordnet sich die Teilzeit jedoch in die traditionellere

---

[54]Müller 1986, S. 101.
[55]Siehe Anhang A1.
[56]Vgl. Berners 2014, S. 16.
[57]Vgl. u.a. Broel 2013, S. 14 ff.; BMFSFJ 1999, S. 51 ff.; Heymann und Seiwert 1982.

Form der Arbeitszeitflexibilisierung, wohingegen Jobsharing eine neuere Form darstellt[58].

Die Teilzeitarbeit ist kurzum die Reduzierung der regulären Arbeitszeit. Gemäß dem TzBfG gebührt allen Arbeitnehmern Anspruch „auf eine Verkürzung ihrer Arbeitszeit, sofern sie länger als sechs Monate im Betrieb beschäftigt sind, keine betrieblichen Gründe entgegenstehen und der Betrieb mehr als 15 beschäftigte zuzüglich Auszubildenden hat."[59] Zudem impliziert § 6 TzBfG auch ausdrücklich leitenden Positionen diesen Rechtsanspruch[60].

Entgegenstehende betriebliche Gründe sind wesentliche Beeinträchtigung des Unternehmens sowie seiner Abläufe und die Entstehung überproportionaler Kosten. Folglich resultiert trotz § 6 TzBfG aus der Arbeitszeitreduzierung von führenden Angestellten, deren Tätigkeit aufgrund ihrer vielen Verpflichtungen eine zeitlich hohe Arbeitsbereitschaft postuliert, nicht selten ein Gegenkriterium für Teilzeit. Es wird vermutet, dass die Abwesenheit der Führungskräfte Arbeitsabläufe hemmt und eventuell dadurch zusätzliche Kosten aufkommen.[61]

Das reflektiert sich in einer Befragung von über 1450 Unternehmen durch das IW im Jahr 2012, bei der insgesamt nur etwas mehr als 20 Prozent Teilzeit-Führungskräfte ermittelt wurden.[62]

---

[58]Vgl. Gottschalck 2008, S. 181 f.,227 f.
[59]Gottschalck 2008, S. 202.
[60]Siehe Anhang A1.
[61]Vgl. Berners 2014, S. 18 ff.
[62]IW 2013, S. 6.

Auffallend ist der besonders hohe Frauenanteil bei der Umsetzung von Teilzeitarbeit. 2014 haben in Deutschland 67,8 Prozent aller erwerbstätigen Frauen in Deutschland mit minderjährigen Kindern in Teilzeit gearbeitet. Bei den Männern waren es dagegen lediglich 5,5 Prozent.[63] Jobsharing hat im Vergleich zur Teilzeit die additive Eigenschaft, dass eine Arbeitsstelle trotz arbeitszeitlicher Flexibilisierung bzw. Reduzierung weiterhin zu 100 Prozent oder mehr ausgeführt werden kann[64]. Das oben beschriebene Gegenkriterium für Teilzeit von Führungskräften wäre hypothetisch mit Jobsharing bzw. Leadsharing behoben. Ferner wird daher angenommen, dass Jobsharing eine Erweiterung der Teilzeitarbeit ist[65].

2.3. Zusammenfassung

Jobsharing ist ein flexibilisiertes Arbeitszeitmodell bei dem mindestens zwei Arbeitnehmer sich individuell eine Stelle primär zeitlich aufteilen. Auch inhaltliche Trennungen sind abhängig von den Jobsharern und können theoretisch in Zusammenhang mit der zeitlichen Ordnung das Arbeitsmodell in sechs Modelle modifizieren. Die für Leadsharing praxistauglichen Modelle werden in Teil B aus Erfahrungsberichten näher erläutert. Teilzeit und Jobsharing sind gleichermaßen gesetzlich genehmigt und gegliedert. Wesentlicher Vor-

---

[63]Statitsisches Bundesamt: Die Tabelle „Erwerbstätigenquoten der 15- bis unter 65-Jährigen mit Kindern unter 18 Jahren" ist unter genesis. destatis.de mit dem Code 12211-0608 zu finden.
[64]Vgl. Kretschmer 2015.
[65]Vgl. BMFSFJ 1999, S. 51 f.

teil von Jobsharing gegenüber der Teilzeit ist die Möglichkeit einer in Vollzeit besetzen Stelle trotz Arbeitszeitflexibilisierung.

Teil B. Leadsharing in der Praxis

Bekanntlich wurden Ende 1960 erste Jobsharing Vereinbarung in den USA umgesetzt und besonders in den 80er Jahren weiter entwickelt. Trotz der amerikanischen Praxiserfahrungen wurden ähnliche Arbeitsmodelle nur selten in Europa realisiert.[66] Der Rechtsanwalt Wolfgang Goos[67] hat dem amerikanischen Modell unterstellt, dass es sich um „kein echtes Arbeitsverhältnis" handle, den Jobsharern keinen „soziale[n] Schutz" böte und sie eine „gesellschaftsrechtliche Abhängigkeit" unter ihnen erzeuge[68]. In Deutschland hätten nach Müller unter diesen Umständen Jobsharer keinen Anspruch auf das Arbeitsrecht[69]. „Auch nach Erlass der Nachfolgeregelung des §13 TzBfG"[70] hat sich die Ausbreitung von Jobsharing nicht wesentlich verändert. Linde bekundet, dass die Realisation von Jobsharing „sich im Promille- bzw. Prozentbereich"[71] bewegt.

Ausgehend von dem Bekanntheitsgrad von *TopSharing*, der aus Broel's Umfrageergebnissen zum gleichnamigen Thema resultierte, kann Linde's Annahme auch für die Unterform Leadsharing bekräftigt werden. Von 90 mehrheitlich leitenden Stelleninhabern in Unternehmen haben nur 34%

---

[66]Vgl. Müller 1986, S. 90 ff.
[67]Wolfgang Goos ist seit 1992 Hauptgeschäftsführer des Bundesarbeitgeberverbands Chemie. `http://www.bavc.de/bavc/web/web.nsf/id/li_pi_02012009.html`, zuletzt geprüft am 18.08.2015.
[68]Heymann und Seiwert 1982, S. 38.
[69]Vgl. Müller 1986, S. 88 ff.
[70]Gottschalck 2008, S. 287, zitiert nach: Linde 2004: S. 4; Erläuterung zum Gesetz und Paragrafen in 2.2.1.
[71]Gottschalck 2008, S. 287, zitiert nach: Linde 2004: S. 4.

den Begriff *TopSharing* vor der Befragung gekannt.[72]

Zudem scheint eine flexibilisierte Arbeitsform per se kaum eine Option für Führungskräfte zu sein. Entsprechend der Umfrage von Broel[73] sprechen bloß die Hälfte aller Führungskräfte den Wunsch nach Teilzeit aus und laut IW[74] setzen nur noch 20 Prozent den Wunsch um, davon zumeist Frauen.

Mit der neuen Gesetzgebung, die im Folgenden vorgestellt wird, könnte der geringe Prozentsatz deutlich angehoben werden.

3. Gender Diversity Management als Fundament für Leadsharing

3.1. Zahlen und Fakten

Die Tatsache, dass Frauen überwiegend in Teilzeit arbeiten und eine flexibilisierte Arbeitsbeschäftigung für Führungskräfte schwer realisierbar ist[75], lässt auf einen geringen Frauenanteil auf Managementebene Schlussfolgern. In Anbetracht jüngster politischer Debatten und Beschlüsse bezüglich einer Geschlechterquote in Führungspositionen wird dieses Schlussfolgern bekräftigt und anhand aktueller Geschlechterquoten bestätigt.

Die durch das IW durchgeführte Befragung ergab in Deutschland einen Frauenanteil in Führungspositionen von ca. 27

---

[72]Vgl. Broel 2013, S. 105.
[73]Vgl. Broel 2013, S. 104.
[74]Vgl. 2.2.2.
[75]Vgl. 2.2.2.

Prozent. Weiter dezimiert sich dieser Anteil im Topmanagement auf knapp elf Prozent.[76] Vergleichbare Werte finden sich nicht nur in anderen Ländern der EU. An der obersten Spitze der weltweit größten 500 Unternehmen gab es vor dem Jahr 2007 laut der *Fortune* sogar nur sieben Frauen, dass ca. einem Prozent entspricht.[77]

Begründend auf diesen Werten führte nach Norwegen[78] auch Deutschland eine rechtmäßige Geschlechterquote mit dem im April 2015 in Kraft getretenen „Gesetz für die gleichberechtigte Teilhabe von Frauen und Männern an Führungspositionen in der Privatwirtschaft und im öffentlichen Dienst"[79] ein. Das erstrangige Ziel des Gesetzes ist die Realisation der Parität von Frauen und Männern auf Managementebene[80]. Im Näheren erstreckt es sich auf die Förderung der Vereinbarkeit von Familie und Arbeit sowie Geschlechtergleichstellungsmaßnahmen[81]. Als Maßstab der Förderung setzte sich eine Geschlechterquote durch. Börsennotierte Unternehmen werden dazu verpflichtet, besonders im Topmanagement den Anteil von sowohl Frauen als auch Männern bis Januar 2016 auf 30 Prozent und bis Januar 2018 auf 50 Prozent anzuheben[82]. Zumal durchschnittlich Frauen im Management unterrepräsentiert sind, wird im Gesetz die gezielte Förderung von Frauen betont[83] und medial verstärkt von der sogenann-

---

[76]Vgl. IW 2013, S. 7.
[77]Vgl. Eagly und Carli 2009, S. 29.
[78]Vgl. Liswood 2015.
[79]Siehe Anhang A2.
[80]Siehe Anhang A2: §1 BGremBG.
[81]Siehe Anhang A2: §1 BGleiG.
[82]Siehe Anhang A2: §4 und §5 BGremBG.
[83]Siehe Anhang A2: §1 Abs. 2 BGleiG.

ten „Frauenquote"gesprochen. Als anzuwendende Förderungsmaßnahmen werden explizit u.a. die „Teilzeitbeschäftigung" sowie alternative „Arbeits- und Präsenzzeitmodelle" genannt, die „ungeachtet der Hierarchieebene"[84] genehmigt werden sollen.

In der deutschen Entwicklungsgeschichte der Chancengleichheit ist Gender Diversity Management schon seit Anfang dieses Jahrtausends hoch angesehen und gewinnt nach dem wirksamen Eintritt des Gesetzes realiter zunehmend an Bedeutung[85].

3.2. Erläuterung zu Gender Diversity Management

Maßnahmen, die in Unternehmen das Ziel Geschlechtergleichstellung verfolgen, lassen sich zum Gender Diversity Management kategorisieren, das erheblichen Einfluss auf die Unternehmenskultur ausübt[86].

Die Unternehmens- bzw. Führungskultur ist ein gestaffeltes Konstrukt aus *Artefakten*, *Werten*, *Normen* und *Basisannahmen*. **Artefakte** bilden mit visiblen Strukturen und Merkmalen einer Organisation, wie etwa der hierarchischen Ordnung und Verhaltensmustern, die Fassade einer Kultur. Für Außenstehende und Neuzugänge ist sie leicht erkennbar, aber nicht zwingend verständlich. Erst mit der Erfahrung der **Werte** und **Normen**, die das Unternehmensleitbild prägen indem sie über das Richtig und Falsch urteilen, ergeben offensichtliche Schemata einen Sinn. Die das Konstrukt

---

[84]Siehe Anhang A2: §16 Abs. 1 BGleiG.
[85]Vgl. Spatz 2014, S. 47.
[86]Struthmann 2013, S. 112.

nährende Essenz sind abschließend die **Basisannahmen**.
Basisannahmen entsprechen einem ideologischen Normen-
und Wertesystem in einer Kultur, die sich mit der Zeit etablieren und selten in Frage gestellt werden.[87]

Gender Diversity Management allerdings wagt den Schritt
der Anfechtung. Mehrfach wird sich im Rahmen von Projek-
ten darauf fokussiert, durch Basisannahmen voreingenom-
mene Normen, die geschlechtergleichstellende Strukturen boy-
kottieren, in Unternehmen bloßzulegen. Werden diese Normen bewusst von der Organisation wahrgenommen und als
unzeitgemäß akzeptiert, könnten sie alte Strategien einver-
nehmlich und wirksam modifizieren.

Beispielsweise konstituierte das Gender Zentrum Augsburg (GZA)[88] das Projekt FUTURE IS FEMALE ©, das Führungskräfte in KMU's „bei der Durchführung gleichstellungs-
politischer Change Management-Prozesse unterstützt, um
dem gegenwärtigen Fach- und Führungskräftemangel mittels der Rekrutierung qualifizierter Frauen entgegen zu wir-
ken"[89]. Bestandteil des Projekts ist die Assistenz „realisti-
sche Ziele und Visionen zu formulieren"[90], die die Gleichstellung von Frauen und Männern anstreben.[91]

---

[87]Vgl. Schein 2010, S. 23 ff.; Jung, Bruck und Quarg 2013, S. 108 ff.; Stock-
Homburg 2013a, S. 703; Broel 2013, S. 80.
[88]„Das GZA ist eine zentrale Einrichtung der Universität Augsburg, die For-
schung, Beratung und Weiterbildung im Bereich der Gleichstellungspo-
litik für Hochschulen, Verwaltungen und Organisationen aus Politik und
Wirtschaft anbietet." Struthmann 2013, S. 143.
[89]Struthmann 2013, S. 142.
[90]Struthmann 2013, S. 145.
[91]Vgl. Struthmann 2013, S. 141 ff.

Auch unternehmensintern werden Konzepte dieser Natur umgesetzt. Ähnlich wie die Geschäftsführung der *Robert Bosch GmbH*, die unter dem Namen „Diversity" neben dem Geschlecht die gesamte Vielfalt von Menschen strategisch berücksichtigt[92], hat die *Deutsche Post Bank AG* bereits vor Einführung der gesetzlichen Geschlechterquote „das Projekt ‚Gender Diversity Management'zur deutlichen Erhöhung des Frauenanteils auf der Management-Ebene ins Leben gerufen"[93].

Zudem bedenkt die *Taunus Sparkasse* eine Verlagerung der „Anwesenheitskultur" in den Managementebenen hin zu einer „Erreichbarkeitskultur". Dementsprechend soll die quantitative Anwesenheit am Arbeitsplatz seinen Stellenwert beim Beschreiten der Karriere an die durch die Informations- und Kommunikationstechnologie ermöglichte uneingeschränkte Erreichbarkeit abtreten. Jener Kulturwandel begünstigt die Flexibilisierung festgelegter Arbeitszeiten, indem es Arbeiten unabhängig von Ort und Tageszeit gestattet.[94] Gemäß der Leiterin des Personalamtes Hamburg sowie der Bertelsmann Stiftung wäre die Priorisierung effizienter Arbeitsergebnisse statt einer beharrlichen Präsenz ein weitaus ökonomischerer Ansatz für die Voraussetzungen einer steigenden Karriere[95].

Als Frauenquoten-Pionier[96] akzentuiert die *Deutsche Telekom AG* für nachhaltige Geschlechtergleichstellung die Ver-

---

[92]Vgl. Boes, Bultemeier und Trinczek 2014, S. 276 ff.
[93]Boes, Bultemeier und Trinczek 2014, S. 253.
[94]Vgl. Boes, Bultemeier und Trinczek 2014, S. 88.
[95]Vgl. Heuer 2014a, S. 54; Bertelsmann Stiftung 2006, S. 86.
[96]Vgl. Boes, Bultemeier und Trinczek 2014, S. 29.

besserung der Managementrahmenbedingungen, sprich der Artefakte in der Führungskultur. Diese beinhaltet „das kritische Hinterfragen" gewohnter Arbeitsmuster, die Bereitstellung von „Job-Sharing oder Teilzeit-Angebote[n]" für Führungskräfte sowie „das Abschaffen der Stereotypen"[97].

Gender Diversity Management ist in Betrieben unter diversen Namen und Konzepten auffindbar und fundiert empirisch die Realisierung neuer flexibler Arbeitsformen wie etwa Jobsharing. Ein bedeutender Gesichtspunkt innerhalb des durch Gender Diversity Management angetriebenen Kulturwandels ist die Stereotypisierung der Geschlechter.

3.2.1. Geschlechtsbezogene Stereotypen

„Mit Stereotypien sind in der Regel Erwartungen über die Eigenschaften sozialer Gruppen gemeint. Sie enthalten Angaben über Merkmale und Verhaltensweisen, über die die Mitglieder der jeweiligen Gruppe typischerweise verfügen. Es geht also um Durchschnittsaussagen, deren Zweck darin besteht, kognitive Prozesse zu vereinfachen."[98] Geschlechtsbezogene Stereotypen kommen insofern einem Norm- und Wertesystem für das Verhalten des jeweiligen Geschlechts gleich.

Laut einer aktuellen Studie der TU München erwarten sowohl Frauen als auch Männer von Führungskräften Durchsetzungsstärke, Dominanz und Härte[99]. Wird diese Erwar-

---

[97]Boes, Bultemeier und Trinczek 2014, S. 39.
[98]Littmann-Wernli und Schubert 2002, S. 22.
[99]Welpe 2013.

tungshaltung mit den Studienergebnissen von Henn über typische Eigenschaften männlicher und weiblicher Manager verglichen, erschließt sich das von ihr erwähnte „Think Manager- Think Male - Phänomen"[100]. Ihre Studien erweisen, dass die Persönlichkeitsmerkale männlicher Führungskräfte nahezu deckungsgleich mit den Erwartungen aus der TU Studie sind, denn sie stechen mit Durchsetzungsstärke und Belastbarkeit hervor. Weibliche Führungskräften verfügen dagegen über deutlich mehr Flexibilität und Teamorientierung.[101]

Neben diesem Phänomen verursachen unterbewusste Ungleichbehandlungen in der Gesellschaft Frauen zusätzliche Mühen auf ihrem Karrierepfad, die unter dem GOLDBERG Paradigma bekannt wurden. Kurrente internationale Experimente, die erstmals Philip GOLDBERG 1968 durchgeführte, bekunden, dass identisch erbrachte Leistungen von Frauen und Männern innerhalb der Gemeinschaft unterschiedlich wahrgenommen werden. Grundsätzlich werden Frauen schlechter als Männer bewertet. Daher wird angenommen, dass Männer auf professionellem Niveau überschätzt und Frauen unterschätzt werden.[102]

Affirmativ gab in einer Befragung die Mehrheit weiblicher Beschäftigter an, dass Vorurteile gegenüber Frauen ein Karrierehindernis darstellt[103]. Aussagen führender Persönlichkeiten beider Geschlechter wie die folgenden veranschauli-

---

[100]Henn 2015, S. 74.
[101]Vgl. Henn 2015, S. 76; Henn 2009, S. 42.
[102]Vgl. Eagly und Carli 2009, S. 32; Regine 2011, S. 32.
[103]Vgl. Bischoff 2010, S. 89.

chen gängige Vorurteile:

*„Wissen Sie, meine Damen, ein Aufsichtsrat ist kein Kaffee-
kränzchen"*[104]
(Gerhard Cromme, ehemaliger Vorsitzender der Regierungs-
kommission zum Corporate Governance Kodex)

*„... aber in dem Moment, wo es so richtig qualifiziert wird, ja,
da stellen Männer halt Männer ein.*
(Abteilungsleiterin, Banken Da124)"[105]

Damit offenbart sich, dass ein „klassisches Rollenverständ-
nis"[106] der Geschlechter, indem die Hauptverpflichtungen der
Frau zu Hause und des Mannes im Beruf platziert sind, wei-
terhin spürbar ist und, dass tradierte Basisannahmen für
Frauen negative Auswirkungen auf unternehmensinterne
Recruiting- und Beförderungsprozesse mit sich ziehen.[107]

Zugespitzt werden diese Erkenntnisse mit der Studie des
US Government Accountabilty Office, die einen nur mit Dis-
kriminierung „erklärbare[n] Entlohnungsunterschied zwischen
den Geschlechtern"[108] feststellte. Unter Berücksichtigung einer Vielzahl von Faktoren wurden Frauen demnach in dem
Zeitraum zwischen 1983 und 2000 bis zu 44% schlechter be-

---

[104]Domke 2009, S. 18.
[105]Boes, Bultemeier und Trinczek 2014, S. 148.
[106]Gottschalck 2008, S. 206 f.
[107]Vgl. Henn 2015, S. 75.
[108]Eagly und Carli 2009, S. 31.

zahlt.[109]

Ein Begründungsansatz des Einkommensverlusts ist nach
Hewlett und Luce die Elternzeit, die meist Frauen in Anspruch nehmen. In mehreren Statistiken zeigt sich, dass die
Fluktuationsgründe von Frauen rollenkonform hauptsächlich die Familie betreffen, Männer sich dagegen, vermutlich
bedingt durch ihre erhöhten Chancen und ebenso rollenkonform, aufgrund eines Karrierewechsel für den Austritt aus
ihrem gegenwärtigen Posten entscheiden[110]. Hewlett und Luce demonstrieren sodann, dass sich mit jedem Jahr der Aus-
zeit das Gehalt reduziert. Bei der maximal gewährten Elternzeit von drei Jahren verringert sich das ursprüngliche
Gehalt empirisch um mehr als ein Drittel.[111]

3.3. Zusammenfassung

Weitgreifende soziokulturelle Merkmale von Frauen und Männern führen zu einem gesellschaftlichen Ungleichgewicht, wo-
durch vor allem Frauen im Berufsleben eine negative Kon-
notation auferlegt wurde. Es wird u.a. suggeriert, dass Frau-
en nicht für hochqualifizierte Tätigkeiten geeignet sind. Die
Frauen, die sich den Annahmen widersetzten, müssen sich
unter dem Aspekt mehr behauptet haben als Männer. Das
Inkrafttreten des Gesetzes für die Gleichstellung von Frau-
en und Männern soll dementsprechend besonders Frauen
mit der Förderung von Gender Diversity Management ent-

---

[109]Vgl. Eagly und Carli 2009, S. 31.
[110]Vgl. Hewlett und Luce 2009, S. 48; Littmann-Wernli und Schubert 2002,
S. 25; Bund 2014.
[111]Vgl. Hewlett und Luce 2009, S. 50.

gegen kommen. Dies schließt eine Expansion flexibilisierter Arbeitsformen über alle Managementebenen hinweg mit ein.

4. Zusammenfassung der Erkenntnisse aus der Umsetzung von Leadsharing

In 1.2 wurde bereits ersichtlich, was grundsätzlich eine Führungskraft sowie ihren Arbeitsalltag ausmacht. Diese Erkenntnisse werden nun ergänzt um besondere Eigenschaften des Leadsharing. Als Informationsgrundlage dienen acht Erfahrungsberichte unterschiedlicher Positionen, Branchen, und Nationen. Um die Informationen greifbar wiederzugeben, werden zunächst die Leadsharing-Paare vorgestellt. Innerhalb der folgendenen Abschnitte 4.1 und 4.2 wird zusätzlich zum Fußnotensystem anhand der Nummerierung der Erfahrungsberichte von (1) bis (8) auf das jeweilige Paar referiert. An dieser Stelle ist anzumerken, dass alle Leadsharing Modelle sich nicht aus mehr als zwei Sharern zusammensetzten.

(1) Sarah Clough und Anna Maguire, Senior Store Manager im Einzelhandel (UK)[112]

(2) Cynthia R. Cunningham und Shelly S. Murray, Vice President für globale Devisenmärkte an der amerikanischen Fleet Bank (US)[113]

(3) Claudia Kühne und Lianne Boeljon, Benelux Marketingmanager bei Henkel (DE)

(4) Sibylle Braun und Patricia Ritzer-Bauer, Abteilungsleiter bei Daimler (DE)

---

[112]Vgl. Tiney 2004.
[113]Vgl. Cunningham und Murray 2009.

(5) Stefanie Schmitz und Marianne Hoffmann, Führungskräfte bei IBM (DE)

(6) Silke Palwitz und Gert Brands, Abteilungsleiter bei der Investmentpostbank Berlin (DE)

(7) Wolfgang Hudec und Andrea Puschmann, Personalleiter in der Fahrzeugfertigung bei Ford (DE)[114]

(8) Bettina Stomper-Rosam und Sophie Martinetz, Geschäftsführung einer Anwaltskanzlei (AU)[115]

4.1. Charakteristika von Leadsharing

Häufigster Beweggrund des Leadsharing ist besonders bei Frauen eine eintretende Mutterschaft. Nach der Geburt bzw. in der Elternzeit fordern sie gleichermaßen Zeit für ihre Karriere und Familie. Gewöhnliche Teilzeit ermöglicht zwar letzteres, bedeutet allerdings i.d.R. das Ende für eine aufsteigende Karriere da von Führungskräften meist verlangt wird, „sofort auf Probleme und Anfragen"[116] zu reagieren. Diese Bedingung können nur Vollzeitkräfte erfüllen. Allmählich folgen auch immer mehr männliche Führungskräfte, die sich mehr Zeit mit ihrer Familie wünschen oder aufgrund gesundheitlicher Probleme Leadsharing als alternative Arbeitsform anerkennen wie beispielsweise der Investmentpostbank Abteilungsleiter Brands (6) und Ford Personalleiter Hudec (7)[117].

---

[114]Vgl. Borghardt 2012; die Paare (3) bis (7) sind in diesem Artikel vertreten.
[115]Vgl. Forsthuber 2014.
[116]Cunningham und Murray 2009, S. 61.
[117]Vgl. Walton 1990, S. 11 f.

Ist eine Ursache gegeben, suchen potentielle Leadsharer nach Gleichgesinnten in unmittelbarer Nähe, sprich nach Kollegen oder ähnlichen Führungskräften im Unternehmen[118]. Dank einer gewissen „Experimentierbereitschaft"[119] und zugleich der Sorge, erfahrene Führungskräfte zu verlieren[120], wurden bisher Leadsharing Vereinbarungen von Vorgesetzten genehmigt. Beeinflusst wird die Experimentierbereitschaft deutlich von Diversity Management, Oberbegriff des Gender Diversity Management. So war Hudec' s Partnerin Puschmann (7) vor der Vereinbarung selbst Diversity Managerin. Daneben erhielten die Vice Presindent's Cunningham und Murray (2) erst die Chance zum Leadsharing nach Kontaktaufnahme einer Diversity-Befürworterin.

Die zeitliche Ordnung der Anwesenheit erfolgt bei geradezu allen Paaren gleich. Die Arbeitswoche besteht je Leadsharer aus drei Tagen, wovon an einem Tag der Woche beide Leadsharer sich für einen persönlichen Informationsaustausch treffen. Entsprechend Abbildung 2 ist ein zyklisch- alternierender Zeitplan inklusive einer parallelen Phase, dem „Austauschtag", festzustellen. Clough und Maguire (1) beteuern zudem, dass sie ihren Zeitplan anlässlich persönlicher Angelegenheiten bereit sind, flexibel zu ändern.

Bezüglich des Anforderungsprofils sind nach Angaben der erfahrenen Topsharing- Betreuerin Astrid SCHREYÖGG u.a. „komplementäre Aufgaben"[121] eine absolute Voraussetzung

---

[118]Vgl. Walton 1990, S. 43 ff.
[119]Borghardt 2012, S. 75.
[120]Vgl. 4.2.
[121]Borghardt 2012, S. 77.

intakter Führungspaare. Auch Clough und Maguire (1) betonen, dass sie beide über unterschiedliche Fähigkeiten und Stärken verfügen. Insbesondere bei Cunningham und Murray (2) offenbart sich eine zusätzliche Eigenschaft. Innerhalb ihres Teams profitieren sie gegenseitig von komplementären Qualifikationen, entsprechend derer sich ihre Aufgaben sinngemäß aufteilen. Jedoch nach außen hin präsentieren sie sich quasi als eine Person. Ihrem Bericht nach gab es Geschäftspartner, die erst nach Jahren bemerkten, dass die Vice President aus zwei Frauen besteht. Auch Hudec (7) sagt „Andrea und ich ticken ähnlich", „Montags und dienstags darf hier keine andere Personalpolitik gelten, als donnerstags und freitags"[122]. Ritzer-Bauer von Daimler (4) zieht den Vergleich zu „einem Elternpaar"[123].

Demzufolge kann nicht nur ein Leadsharing geeignetes Modell begründend auf den Jobsharing Typologien aus Abbildung 2 bestimmt werden. Vielmehr kann schlussgefolgert werden, dass die kongruenten Modelle 1 und 2 mit gelegentlichen Zeitplanänderungen, das Modell 3 ähnelt, für die Repräsentation des Leadsharing Teams größte Akzeptanz fand. Das Leadsharing Team profitiert intern dagegen am meisten von den komplementären Modellen 4, 5 und gelegentlich 6.

---

[122]Borghardt 2012, S. 77.
[123]Borghardt 2012, S. 77.

4.2. Nutzen und Herausforderungen

In Abbildung 3 werden zehn markante Vorteile und Hürden von Leadsharing dargestellt, die in Beziehung zum Unternehmen, den Leadsharern und beiden zusammen stehen.

Nutzen	Herausforderung	Für ...
Effizienzsteigerung / Synergieeffekte	Mehraufwand	
Fach- / Führungskräftemangel minimieren	Informelle Akzeptanz	das Unternehmen
Übereinkommen der Visionen	Integration der LS in das Unternehmen	
Work Life Balance	Kompatibilität des LS Teams	die Leadsharer (LS)
Seelische Entlastung	Exorbitante Kommunikations- und Kooperationsbereitschaft	

Abb. 3: Gegenüberstellung von Nutzen und Herausforderungen einer Leadsharing Vereinbarung

In Anlehnung an den Gedanken der hamburgischen Personalamtleiterin und der Bertelsmann Stiftung in Abschnitt 3.2, Arbeitsergebnisse höher zu priorisieren als die Anwesenheit, konkretisiert das BMFSFJ diesen Ansatz, indem es in flexibilisierter Arbeitszeit eine **Effizienzsteigerung** sieht. Arbeitszeiten sollten demnach systematisch den Anforderungen angepasst sein und nicht als Instrument missbraucht werden können, das diejenigen belohnt, die besonders viele Arbeitsstunden - produktiv oder nicht - anhäufen.[124] Die Arbeitszeit ist eine wertvolle Resource, die Arbeitnehmern zur Verfügung stellen. Wird sie als solche geachtet, könnte es das Bewusstsein für effizienteres Arbeiten erweitern. Langfristig wäre es möglich, dass die effizientere Arbeitszeitgestaltung sowie die durch LS reduzierten Fluktuationskosten die Personalkosten senken[125].

In LS Teams entstehen außerdem ökonomisch wertvolle **Synergieeffekte**. Zwei Führungskräfte vereinen Fähigkeiten und Kompetenzen, die kaum in nur einer Person zu finden sind. Damit wird die Qualität der Arbeit gehoben indem sie z.b. im LS Team getroffenen Entscheidungen mehr Objektivität verschaffen[126] und ihren gegenseitigen Fortschritt fördern[127].

Auch kann der durch den demografischen Wandel bedingte **Fach- und Führungskräftemangel** mit Leadsharing deutlich minimiert werden. Hochqualifizierte Arbeitskräfte, für die nur noch eine verkürzte Arbeitszeit in Frage kommt, bleiben dem Unternehmen erhalten[128].

Der Nutzen beider Parteien ist ein **Übereinkommen der Visionen**. Die Mehrheit leitender Arbeitnehmer folgt bisher strikt den Arbeitsvorstellungen der Unternehmen indem sie sich den arbeitszeitlichen Rahmenbedingen und hohen Arbeitsanforderungen fügen. Kuark bezeichnet die üblichen

---

[124]Vgl. BMFSFJ 1999, S. 15 ff.,84 f.
[125]Vgl. Kuark 2002.
[126]Vgl. Borghardt 2012, S. 76.
[127]Vgl. Cunningham und Murray 2009, S. 61.
[128]Vgl. Borghardt 2012, S. 75; Heymann und Seiwert 1982, S. 38.

Wochenstunden obendrein als „willkürliche Festlegung eines Vollzeit-Pensums"[129]. Das Pflichtbewusstsein der Arbeitnehmer zur Einhaltung der „willkürlichen" Rahmenbedingungen entspringt vermutlich aus der Sorge, nicht befördert zu werden bei Verletzung der Vorstellungen. Neuerdings verursacht der Fach- und Führungskräftemangel jedoch eine Notsituation in den Unternehmen. Es macht den Eindruck, als würde diese Not den Wertewandel in Unternehmen, der Arbeitsflexibilisierung und Gender Diversity miteinschließt, forcieren und sie dazu animieren, ihre Visionen zum Vorteil der Arbeitnehmer zu überdenken.

Ein wichtiger Bestandteil dieser neuen Visionen ist **Work Life Balance**[130]. Work Life Balance ist im weitesten Sinne der Fachausdruck für den Ausgleich von Beruf und Privatleben.

Unternehmen berücksichtigen in Anlehnung an MASLOWS Bedürfnispyramide das höchste Verlangen eines Menschen - die Selbstverwirklichung[131]. Leitende Arbeitnehmer haben theoretisch mit LS die Möglichkeit, auch außerhalb der Arbeit persönlichen Zielen und Vorhaben nachzugehen. Diesbezüglich äußert Geschäftsführerin Martinetz (8) „Das Leben ist so bunt", „wir wollen von allem so viel wie möglich haben"[132].

Außerdem begünstigt LS die **seelische Entlastung** der Führungskräfte[133]. Stomper-Rosam's und Martinetz' Positi-

---

[129]Kuark 2002, S. 70.
[130]Vgl. Broel 2013; Forsthuber 2014; Stock-Homburg 2013b.
[131]Vgl. Schreyögg 2008, S. 188 ff.
[132]Forsthuber 2014, S. 94.
[133]Vgl. Kuark 2002, S. 74.

on (8) beispielsweise ist ein „150-Prozent-Job"[134] vermutlich gemessen an der überdurchschnittlichen Arbeitszeit, den sie nun halbiert haben. Positionen auf Managementebene, die mehr als 100 Prozent der Führungskraft verlangen, führen nicht selten zu Überforderungen und schließlich Burnout – „der Zustand der physischen und psychischen Erschöpfung"[135]. Laut dem Wissenschaftlichen Institut der AOK gehörten 2014 Führungskräfte zur Spitzengruppe derjenigen, die aufgrund von Burnout nicht zur Arbeit erschienen[136]. Auch Hudec's (7) gesundheitliche Probleme lassen sich wahrscheinlich auf Überarbeitung zurückführen, denn er sagte „Diesen Job macht man nicht in fünf mal acht Stunden", „davon wird man total absorbiert."[137] In einem LS Team können sich Führungskräfte gegenseitig nicht nur durch Arbeitszeitteilung entlasten. Nach Aussagen von Palwizat (6), Hudec (7) und Maguire (1) fühlen sie sich auch durch den beständigen Austausch von Problemen und Sorgen mit einer Person, die direkten Bezug zu der Angelegenheit hat, entspannter. Dieser Vorteil steigert zusätzlich die Produktivität, da es die Fehlzeiten der Führungskräfte deutlich senkt und ihre Leistungsbereitschaft intensiviert[138].

Eine erhebliche Hürde des LS ist der **Mehraufwand**. Besonders bei der Ersteinführung eines LS Modells erhöht sich der administrative Aufwand aufgrund der Umstrukturierung

---

[134]Forsthuber 2014, S. 94.
[135]Badura u. a. 2014, S. 368.
[136]Vgl. Badura u. a. 2014, S. 368.
[137]Borghardt 2012, S. 74.
[138]Vgl. Kuark 2002, S. 74.

von Arbeitsabläufen. Auch ergeben sich höhere Personalkosten durch zusätzliche Sozialleistungen, Fortbildungskosten etc.[139] Bisher wurde dieser Nachteil häufig als einer der wesentlichen Beeinträchtigungen des Organisationkonzeptes betrachtet und begründete folglich die Ablehnung von flexibilisierten Arbeitsformen für Führungskräfte[140].

Eine weitere Herausforderung für Unternehmen ist die **informelle Akzeptanz** der Flexibilisierungsmaßnahme. Menschen halten gerne an konventionellen Strukturen fest, weil sie sich über die Zeit bewährt haben und routinierte Abläufe bequem sind. Veränderungen bedeuten dagegen, sich aus der Komfortzone hinaus zu bewegen[141]. Das könnte ein Grund dafür sein, dass viele Vorgesetzte und Kollegen zunächst mit Skepsis und Misstrauen auf LS reagieren[142].

Breitet sich der unternehmensinterne Widerstand gegenüber LS aus, wird dem Führungsteam die **Integration ins Unternehmen** erheblich erschwert. Cunningham und Murray (2) wurden mit diesem Problem konfrontiert. Trotz ihrer sehr guten Leistungen bekamen sie wenig Unterstützung vom Topmanagement und wurden regelrecht mit fachfernen Aufgaben oder sonstigen Schikanen provoziert. Auch Intriganz und passiv aggressives Verhalten seitens der Kollegen blieb ihnen nicht erspart.

Durchhalten konnten die beiden vermutlich nur durch ihren hochgradigen Ehrgeiz und ihre hervorragende **Kompa-**

---

[139]Vgl. Kuark 2002, S. 75; BMFSFJ 1999, S. 54; Borghardt 2012, S. 74.
[140]Vgl. 2.2.2.
[141]Vgl. Schein 2010, S. 282 f.
[142]Vgl. Tiney 2004, S. 431; Cunningham und Murray 2009, S. 61.

tibilität. In ihrem Team haben sie sich perfekt aufeinander abgestimmt. Ihren Aussagen nach sollte es „keine Rolle spielen, mit wen von [ihnen] beiden jemand sprach"[143]. Entstanden LS-interne Probleme haben sie diese ausgiebig ausdiskutiert bis zu der Zufriedenheit beider. Somit birgt LS zudem eine „Erhöhte Abhängigkeit vom Arbeitspartner"[144] und fordert eine **exorbitante Kommunikations- sowie Kooperationsbereitschaft**[145]. Der Austauschtag ist zwar für den regelmäßigen Informationstransfer in ihrer Arbeitszeit integriert, jedoch unzureichend um beide LS immer auf dem gleichen Informationsstand zu halten[146]. Deshalb sind LS für die Gewährleistung reibungsloser Abläufe, die im Grunde die kongruente Einsatzfähigkeit in allen Manageraktivitäten[147] und -rollensätzen[148] voraussetzt, dazu verpflichtet, sich auch außerhalb der Arbeitszeit gegenseitig zu informieren. Schmitz und Hoffmann von IBM (5) sowie Cunningham und Murray (2) berichten, sich laufend über sämtliche Kommunikationskanäle zu kontaktieren. Eine der IBM LS (5) gesteht, dass sie „ ‚täglich eine halbe Stunde miteinander'[telefonieren] – auch wenn eine der beiden gerade offiziell nicht im Dienst ist."[149] Der Inhalt der Nachrichten hat nach Cunningham und Murray (2) nicht nur einen fachlichen oder konzeptionellen Bezug. Sie übermittelten ihrer Partne-

---

[143]Cunningham und Murray 2009, S. 61.
[144]Kuark 2002, S. 75.
[145]Vgl. Walton 1990, S. 60 f.; Müller 1986, S. 151 f.
[146]Vgl. Borghardt 2012, S. 77.
[147]Vgl. 1.2.1.
[148]Vgl. 1.2.3.
[149]Borghardt 2012, S. 78.

rin selbst Einzelheiten aller geschäftlichen sowie privaten Ereignisse am Arbeitsplatz wie z.B. die Körpersprache anderer Personen. Es ist anzunehmen, dass mit mehr als zwei LS auf einer Führungsposition die Komplexität in der Kommunikation und Organisation ins Unmögliche wächst.

Zusammenfassend enthält LS viele Vorteile, die die Arbeit und Leistung von Führungskräften optimiert. Allerdings müssen vor und während der Umsetzung von LS mindestens genauso viele Herausforderungen berücksichtigt werden.

4.3. Ausblick

In der Vergangenheit hat es bisher nur wenig LS Umsetzungen trotz ihrer vielen Nutzen gegeben. Neben den erwähnten Herausforderungen ist dafür auch die Einstellung gegenüber LS verantwortlich, die weitestgehend die informelle Akzeptanz verzögert. So blieb in über 30 Jahren die Hypothese zu Jobsharing im Management gleich. Angefangen bei Müller, über zu Walton und hin zu aktuellsten Studien von Broel wurde festgestellt, dass Jobsharing in höheren Managementebenen weniger bis gar nicht realisierbar ist[150]. Die steigende Komplexität bedingt durch die übermäßig geforderte Kommunikation schien überwiegend den Nutzen von Leadsharing aufzuheben.

Nun vereinfachen hingegen fortschrittlichste Technologien wie Smartphones und Kommunikationssoftwares den fortlaufenden Informationsaustausch. Abgesehen davon besteht

---

[150]Vgl. Müller 1986, S. 242; Walton 1990, S. 94; Broel 2013, S. 50.

in Deutschland nach in Kraft treten des Gesetzes zur Gleichstellung der Geschlechter[151] sowie dem damit einhergehenden Förderungszuwachs von Gender Diversity Management[152]
eine erhöhte Chance, dass das Arbeitsmodell LS populärer
wird, da es vollkommen dem § 16 BGleiG[153] entspricht und
besonders Frauen von flexibilisierten Arbeitszeiten Gebrauch
machen[154].

Jedoch ist die größte Herausforderung für LS Interessierte
vermutlich die Partnersuche. Grundvorrausetzung ist selbst-
verständlich zunächst, dass beide Arbeitnehmer qualifiziert
für die zu teilende Stelle sind. Nicht von Belang sind dagegen
zwei identische Persönlichkeiten, zumal dass die erwünsch-
ten Synergieeffekte aufhöbe. Allerdings sind nach Aussagen
von Astrid SCHREYÖGG[155] und LS Erprobten drei Eigenschaften existenziell. In ihrer Einheit haben sie eine gemeinsa-
me **Strategie** zu verfolgen, die auf übereinstimmende **Werte** und **Ziele** aufbaut.[156]

Für gewöhnlich ergeben sich LS Teams rein zufällig, ähnlich wie bei der Partnerwahl fürs Leben. Es ist also davon
auszugehen, dass es viele Führungskräfte gibt, deren Wunsch
nach Jobsharing unerfüllt bleibt hinsichtlich des fehlenden
Partners oder kooperierenden Unternehmens. Um zunehmend
mehr Arbeitnehmern in Deutschland Jobsharing zu ermöglichen, gründeten Jana Tepe und Anna Kaiser im Oktober

---

[151]Vgl. 3.1.
[152]Vgl. 3.2.
[153]Siehe Anhang A2.
[154]Vgl. 2.2.2.
[155]Borghardt 2012, S. 77.
[156]Vgl. Cunningham und Murray 2009, S. 64; Tiney 2004, S. 431.

2013 das Startup *Tandemploy*. *Tandemploy* ist eine auf Jobsharing spezialisierte Onlineplattform. Sowohl Arbeitnehmer als auch Unternehmen können auf der Onlineplattform `https://www.tandemploy.com/de/home` ein Profil erstellen. Danach erhalten sie ausgiebige Informationen zum Thema Jobsharing. Mit einer kostenpflichtigen Jahresmitgliedschaft wird Unternehmen Hilfeleistung bei der Erstellung von Stellenausschreibungen, Arbeitsverträgen und der Suche nach bereitstehenden hochleistungsfähigen Tandems geboten. Für Arbeitnehmer ist die Dienstleistung, den passenden Partner sowie ein kooperierendes Unternehmen zu finden, kostenfrei.

Mittels eines eigens entwickelten „Matching-Algorithmus" werden Arbeitnehmer nicht nur anhand ihrer professionellen Daten verglichen. Vielmehr wird beim „Matching" besonders auf die Humankompetenzen[157], die bedeutend für die existenziellen Eigenschaften des LS Teams sind, Rücksicht genommen. Das junge Unternehmen, deren Gründerinnen getreu ihrer Geschäftsidee im Tandem führen, befindet sich gegenwärtig noch in einem Aufbaustadium und arbeitet an einem wachsenden Bekanntheitsgrad.[158]

Mit der Kontaktaufnahme zu *Tandemploy* wurden dem Unternehmen Fragen bezüglich ihres Geschäftskonzepts und dem möglichen Fortschreiten von Leadsharing gestellt, die die „Tandemhälfte" Anna Kaiser persönlich beantwortete. Bei der Frage ob Jobsharing auch auf ihrer Onlineplattform vorwiegend Frauen anspricht, hat Kaiser dies bestätigt mit der Ergänzung, dass zunehmende Praxisbeispiele mit Männern

---

[157]Vgl. 1.2.2.
[158]Vgl. Kretschmer 2015; Anhang A3: 4.

auch immer mehr männliche Arbeitnehmer von dem Arbeitsmodell überzeugen. Sofern ist in ihren Worten „Jobsharing ein Menschenthema", das ermöglicht, nachhaltig die Rahmenbedingungen im Management den Umständen der führenden Angestellten anzupassen und insbesondere qualifizierte Frauen zu unterstützen, neben der Familie eine Karriere aufzubauen.[159]

Im Allgemeinen fehlt es Jobsharing an fundiert positiven Erfahrungen, die Unternehmen und Arbeitnehmer mutig stimmen, das nun schon relativ betagte Arbeitsmodell umzusetzen. Es kann nur vermutet werden, dass die vorherrschenden Umstände wie der demografische[160] sowie soziokulturelle[161] Wandel der Popularität nachhelfen. Laut Kaiser werden zunehmend mehr Stellen bis ins Topmanagement dank Jobsharing teilzeittauglich[162]. Nach Annahme des Personalstrategieexperten und Partners der globalen Managementberatungsfirma *Bain & Company* Gunter Schwarz werden LS Teams „in fünf bis zehn Jahren in der Breite angekommen" sein.[163]

---

[159]Anhang A3: 1–2.
[160]Vgl. 4.2.
[161]Vgl. 3.2.
[162]Anhang A3: 3.
[163]Borghardt 2012, S. 76.

Fazit

Nach Abhandlung der These beruhend auf der Frage, welche Maßnahmen es nachhaltig ermöglichen, dass Frauen und Männer gleichermaßen in allen Hierarchieebenen eine Führungsposition ausüben, hat Jobsharing als einer dieser Maßnahmen offensichtliches Potenzial gezeigt.

Die für Jobsharing erforderliche Sozialkompetenz ist nach wissenschaftlicher Betrachtung zugleich maßgeblich für Führungskräfte. Damit brächten Manager prinzipiell die besten Voraussetzungen für Leadsharing mit[164].

Im Gegensatz zur gewöhnlichen Teilzeitarbeit, können Führungskräfte ihre Arbeitszeit verkürzen und dennoch gemeinsam zu 100 Prozent und mehr ihre Position ausführen[165]. Besonders im Topmanagement kann die Auslastung bereits für eine Person in Vollzeit 100 Prozent übersteigen[166]. Auf Dauer führen diese Überbelastungen häufig zu gesundheitlichen Problemen[167]. Leadsharing ermöglicht nach Überwindung der Herausforderungen eine Entlastung der Führungskräfte. Die Entlastung soll bei den Leadsharern mehr Leistung mobilisieren und Fehlzeiten reduzieren[168]. Auch erleichtert Jobsharing den Wunsch, Work Life Balance auszuleben[169].

Gemäß empirischen Werten ist insbesondere für Frauen der Ausgleich relevant. Sie nutzten bisher am häufigsten das

---

[164]Vgl. 1.2.2 und 4.3.
[165]Vgl. Kretschmer 2015.
[166]Vgl. Borghardt 2012, S. 74; Forsthuber 2014.
[167]Vgl. Badura u. a. 2014, S. 368.
[168]Vgl. Kuark 2002, S. 74.
[169]Vgl. Broel 2013.

flexible Arbeitszeitmodell Teilzeit[170], um mehr Zeit für ihre Familien zu haben[171]. Die Wahl dieser Option in Kombination mit kontraproduktiven Stereotypisierungen[172] bedeutete regelrecht das Karriereende. Mit Leadsharing könnte sich das ändern. Gelingt es weiblichen Führungskräften neben dem passenden Tandempartner auch ein kooperierendes Unternehmen zu finden, stellt Leadsharing einen geeigneten Kompromiss zwischen einer stabilen Karriere und dem Privatleben dar. Bekanntlich werden es auch immer mehr Männer, die diesem Wunsch nachgehen und entgegen ihrer klassischen Rollenzuordnung als dominante Vollzeitbeschäftige im Tandem arbeiten bzw. arbeiten möchten[173]. Dank der führenden Onlineplattform für Jobsharing *Tandemploy* kann LS Interessierten die Suche nach dem idealen Tandem vereinfacht werden[174].

Abschließend kann gefolgert werden, dass Leadsharing für Frauen auf Managementebene auch aufgrund ihrer Stärken in Flexibilität und Teamorientierung[175] sehr attraktiv ist. Unternehmen, die aufrichtig Gender Diversity Management[176] pflegen und unabhängig vom Geschlecht Leadsharing als Arbeitsmodell anbieten bzw. akzeptieren, beweisen großes Engagement bei der Beseitigung von Geschlechterungleichbe-

---

[170]Statitsisches Bundesamt: Die Tabelle „Erwerbstätigenquoten der 15- bis unter 65-Jährigen mit Kindern unter 18 Jahren" ist unter genesis. destatis.de mit dem Code 12211-0608 zu finden.
[171]Vgl. Hewlett und Luce 2009, S. 48; Littmann-Wernli und Schubert 2002, S. 25; Bund 2014.
[172]Vgl. 3.2.1.
[173]Vgl. Borghardt 2012; Anhang A3: 2.
[174]Vgl. Anhang A3
[175]Vgl. Welpe 2013.
[176]Vgl. 3.2.

handlung. Damit fördern sie gewiss nachhaltig die Geschlechterparität im Unternehmen.

Literatur

[1] Akademie für Führungskräfte der Wirtschaft, Hrsg. (2008): *Führung beim Wort nehmen. Wie kommunizieren deutsche Manager? Befragung von 405 Führungskräften der Wirtschaft.*

[2] Badura, Bernhard u. a., Hrsg. (2014): *Erfolgreiche Unternehmen von morgen - gesunde Zukunft heute gestalten: Zahlen, Daten, Analysen aus allen Branchen der Wirtschaft; mit 222 Tabellen.* Bd. 2014. Fehlzeiten-Report. Berlin [u.a.]: Springer.

[3] Berners, Jürgen F. (2014): *Teilzeit und befristete Beschäftigung: Praxisbezogene Fallbeispiele, Checklisten, Aktuelle Rechtsprechungen.* Nürnberg: DATEV eG.

[4] Bertelsmann Stiftung, Hrsg. (2006): *Karrierek(n)ick Kinder: Mütter in Führungspositionen - ein Gewinn für Unternehmen.* Gütersloh: Verlag Bertelsmann Stiftung.

[5] Bischoff, Sonja (2010): *Wer führt in (die) Zukunft?: Männer und Frauen in Führungspositionen der Wirtschaft in Deutschland.* 5. Studie. Bielefeld: W. Bertelsmann.

[6] BMFSFJ, Hrsg. (1999): *Teilzeit für Fach- und Führungskräfte: Handbuch für Personalverantwortliche und Führungskräfte.* Bd. 176. Schriftenreihe des Bundesministeriums für Familie, Senioren, Frauen und Jugend. Stuttgart: W. Kohlhammer GmbH.

[7] Boes, Andreas, Bultemeier, Anja und Trinczek, Rainer, Hrsg. (2014): *Karrierechancen von Frauen erfolgreich gestalten: Analysen, Strategien und Good Practi-*

ces aus modernen Unternehmen. Wiesbaden: Springer Fachmedien.

[8] Borghardt, Liane (2012): *Dopplet hält besser: FÜHRUNG: Management&Erfolg*. In: *WirtschaftsWoche* 23.07.2012.30, S. 74–78.

[9] Broel, Susanne (2013): *Chefposten für zwei? Jobsharing für Führungskräfte*. Hamburg: Diplomica Verlag Gmbh.

[10] Bund, Kerstin (2014): *Frau. Vorstand. Abgehängt: Warum scheitern so viele Managerinnen in der Chefetage deutscher Konzerne? Besuch bei Ex-Spitzenfrauen*. In: *Zeit* 49.

[11] Clark, Dorie (2013): *Is Workplace Hierarchy Becoming Obsolete?* In: *Baylor Business Review* 31.2, S. 22–23.

[12] Cunningham, Cynthia R. und Murray, Shelley S. (2009): *Geteilter Job, doppelte Karriere*. In: *Harvard Business Manager* 3, S. 57–64.

[13] Domke, Britta (2009): *"Bei Männern wird kaum nach der Qualifikation gefragt": CORPORATE GOVERNANCE*. In: *Harvard Business Manager* 3, S. 17–20.

[14] Eagly, Alice H. und Carli, Linda L. (2009): *Im Labyrinth der Karriere: DIVERSITÄT*. In: *Harvard Business Manager* 3, S. 29–39.

[15] Forsthuber, Martina (2014): *Teilen bringt mehr: JOBSHARING*. In: *Trend* 24-03-2014.04, S. 94–95.

[16] Gottschalck, Frederik (2008): *Arbeitszeit im Jahr 2020: Ergebnisse einer Delphi-Studie zur zukünftigen Ausgestaltung der Arbeitszeit in Deutschland*. Bd. 17. Personalwirtschaft. Hamburg: Kovač.

[17] Henn, Monika (2009): *Frauen können alles - außer Karriere: EFFIZIENZ*. In: *Harvard Business Manager* 3, S. 40–44.

[18] Henn, Monika (2015): *Unser Führungsbild ist männlich geprägt*. In: *Personalführung* 3, S. 72–76.

[19] Heuer, Katharina (2014a): *Auf output achten - Nicht auf Anwesenheit*. In: *Personalführung* 6, S. 50–57.

[20] Heuer, Katharina (2014b): *Nachholbedarf beim Umgang mit weichen Faktoren: Energie in Organisationen und die aktuellen Herausforderungen an gute Führungskräfte*. In: *Personalführung* 10, S. 62–67.

[21] Hewlett, Sylvia Ann und Luce, Carolyn Buck (2009): *Der schwierige Weg zurück: PERSONALPLANUNG*. In: *Harvard Business Manager* 3, S. 45–55.

[22] Heymann, Helmut und Seiwert, Lothar, Hrsg. (1982): *Job-Sharing: Flexible Arbeitszeit durch Arbeitsplatzteilung: Mit e. Geleitw. von Josef Stingl*. Grafenau und Württ.: expert verlag.

[23] Ignatius, Adi (2014): *Leaders for the Long Term*. In: *Harvard Business Review* November, S. 48–56.

[24] IW (2013): *Informationen aus dem Institut der deutschen Wirtschaft Köln: U.a. die Themen Personalpolitik und Teilzeit*. In: *iwd* 39.43, S. 1–8.

[25] Jung, Rüdiger H., Bruck, Jürgen und Quarg, Sabine (2013): *Allgemeine Managementlehre: Lehrbuch für die angewandte Unternehmens- und Personalführung*. 5., neu. bearb. Aufl. Berlin: Erich Schmidt.

[26] Kaehler, Boris (2014): *Komplementäre Führung: Ein praxiserprobtes Modell der organisationalen Führung.* Wiesbaden: Springer Gabler.

[27] Kretschmer, Winfried (2015): *Als Tandem zum Job: "Jobsharing macht Stellen flexibel"- ein Gespräch mit Jana Tepe von Tandemploy.* In: *ChangeX* 05.03.2015, S. 1–4.

[28] Kuark, Julia K. (2002): *Topsharing: Jobsharing in Führungspositionen.* In: *Wirtschaftspsychology* 1, S. 70–77.

[29] Liswood, Laura (2015): *Heterogen ist besser: DIVERSITY: Was kommt 2016 mit der Frauenquote auf deutsche Aufsichtsräte zu?* In: *Harvard Business Manager* Mai, S. 16–17.

[30] Littmann-Wernli, Sabrina und Schubert, Renate (2002): *Stereotypen und die „gläserne Decke" in Unternehmen.* In: *Wirtschaftspsychologie* 1, S. 22–28.

[31] Mintzberg, Henry (1968): *The manager at work: Determining his activities, roles, and programs by structured observations.* Diss. Massachusetts Institute of Technology MIT.

[32] Müller, Christoph (1986): *Organisatorische Gestaltung des Jobsharing in der Unternehmung: Ein Konzept zur Strukturierung von Job-Sharing-Arbeitsplätzen in der Bundesrepublik Deutschland.* Bd. 1. Personalwesen - Organisation - Unternehmensführung. Köln: Müller Botermann Verlag.

[33] Regine, Birute (2011): *Why Is It That Women Are Seen As Less Competent? Fighting a battle that women don't even know they're.* In: *Forbes* 4.

[34] Richter, Manfred (1999): *Personalführung: Grundlagen und betriebliche Praxis.* 4. Aufl. Stuttgart: Schäffer-Poeschel.

[35] Robbins, Stephen P. und Coulter, Mary (2009): *Management.* Upper Saddle River, New Jersey: Pearson Prentice Hall.

[36] Sackmann, Sonja und Klaus, Nicola (2014): *Schwerpunkt: Führungsqualität: Chef und Coach in einer Person.* In: *Personalführung* 9, S. 16–25.

[37] Schein, Edgar H. (2010): *Organizational culture and leadership.* San Francisco, Calif.: Jossey-Bass.

[38] Schirmer, Frank (1992): *Arbeitsverhalten von Managern: Bestandsaufnahme, Kritik und Weiterentwicklung der Aktivitätsforschung.* Wiesbaden: Gabler.

[39] Schreyögg, Georg (2008): *Organisation - Grundlagen moderner Organisationsgestaltung.* 5., vollst. überarb. und erw. Aufl. Wiesbaden: Gabler.

[40] Spatz, Maren (2014): *Work-Life-Balance: Junge Führungskräfte als Grenzgänger zwischen verschiedenen Lebensbereichen.* 1. Aufl. Bd. 3. Schriftenreihe zur interdisziplinären Arbeitswissenschaft. München und Mering: Rainer Hampp Verlag.

[41] Steiger, Thomas und Lippmann, Eric (2013): *Handbuch angewandte Psychologie für Führungskräfte.* 4. Aufl. Bd. 1. Führungskompetenz und Führungswissen. Berlin und Heidelberg: Springer.

[42] Stock-Homburg, Ruth (2013a): *Personalmanagement: Theorien - Konzepte - Instrumente.* 3, überarb. und erw. Aufl. Wiesbaden: Springer Gabler.

[43] Stock-Homburg, Ruth (2013b): *Handbuch Strategisches Personalmanagement*. 2., überarb. und erw. Aufl. Wiesbaden: Gabler.

[44] Struthmann, Sandra (2013): *Gender- und Diversity-Management: Frauen als Fach- und Führungskräfte für Unternehmen gewinnen*. Research. Wiesbaden: Springer VS.

[45] Tiney, Claire (2004): *Job share: can this work in management?* In: *International Journal of Retail & Distribution Management* 32.9, S. 430–433.

[46] Wahren, Heinz-Kurt E. (1987): *Zwischenmenschliche Kommunikation und Interaktion im Unternehmen: Grundlagen, Probleme und Ansätze zur Lösung*. Berlin und New York: de Gruyter.

[47] Walton, Pam (1990): *JOB SHARING: A practical guide*. London: Kogan Page Limited.

[48] Watzka, Klaus (2014): *Personalmanagement für Führungskräfte: Elf zentrale Handlungsfelder*. Wiesbaden: Gabler.

[49] Welpe, Isabell (2013): *Stereotypen von Männern und Frauen beeinflussen Personalmanagement. Fröhliche Frauen wird kein Führungswille zugetraut - stolzen schon*. Hrsg. von Technische Universität München.

Anhang

A1 Gesetz über Teilzeitarbeit und befristete Arbeitsverträge (Teilzeit- und Befristungsgesetz - TzBfG)[177]

§ 4 Verbot der Diskriminierung

(1) Ein teilzeitbeschäftigter Arbeitnehmer darf wegen der Teilzeitarbeit nicht schlechter behandelt werden als ein vergleichbarer vollzeitbeschäftigter Arbeitnehmer, es sei denn, dass sachliche Gründe eine unterschiedliche Behandlung rechtfertigen. Einem teilzeitbeschäftigten Arbeitnehmer ist Arbeitsentgelt oder eine andere teilbare geldwerte Leistung mindestens in dem Umfang zu gewähren, der dem Anteil seiner Arbeitszeit an der Arbeitszeit eines vergleichbaren vollzeitbeschäftigten Arbeitnehmers entspricht.

(2) Ein befristet beschäftigter Arbeitnehmer darf wegen der Befristung des Arbeitsvertrages nicht schlechter behandelt werden, als ein vergleichbarer unbefristet beschäftigter Arbeitnehmer, es sei denn, dass sachliche Gründe eine unterschiedliche Behandlung rechtfertigen. Einem befristet beschäftigten Arbeitnehmer ist Arbeitsentgelt oder eine andere teilbare geldwerte Leistung, die für einen bestimmten Bemessungszeitraum gewährt wird, mindestens in dem Umfang zu gewähren, der dem Anteil seiner Beschäftigungsdauer am Bemessungszeitraum entspricht. Sind bestimmte Beschäftigungsbedingungen von der Dauer des Bestehens des Arbeitsverhältnisses in demselben Betrieb oder Unternehmen abhängig, so sind für befristet beschäftigte Arbeitnehmer dieselben Zeiten zu berücksichtigen wie für unbefristet beschäftigte Arbeitnehmer, es sei denn, dass eine unterschiedliche Berücksichtigung aus sachlichen

---

[177]http://www.gesetze-im-internet.de/tzbfg/index.html, zuletzt geprüft am 09.08.2015.

Gründen gerechtfertigt ist.

§ 6 Förderung von Teilzeitarbeit

Der Arbeitgeber hat den Arbeitnehmern, auch in leitenden Positionen, Teilzeitarbeit nach Maßgabe dieses Gesetzes zu ermöglichen.

§ 11 Kündigungsverbot

Die Kündigung eines Arbeitsverhältnisses wegen der Weigerung eines Arbeitnehmers, von einem Vollzeit- in ein Teilzeitarbeitsverhältnis oder umgekehrt zu wechseln, ist unwirksam. Das Recht zur Kündigung des Arbeitsverhältnisses aus anderen Gründen bleibt unberührt.

§ 13 Arbeitsplatzteilung

(1) Arbeitgeber und Arbeitnehmer können vereinbaren, dass mehrere Arbeitnehmer sich die Arbeitszeit an einem Arbeitsplatz teilen (Arbeitsplatzteilung). Ist einer dieser Arbeitnehmer an der Arbeitsleistung verhindert, sind die anderen Arbeitnehmer zur Vertretung verpflichtet, wenn sie der Vertretung im Einzelfall zugestimmt haben. Eine Pflicht zur Vertretung besteht auch, wenn der Arbeitsvertrag bei Vorliegen dringender betrieblicher Gründe eine Vertretung vorsieht und diese im Einzelfall zumutbar ist.

(2) Scheidet ein Arbeitnehmer aus der Arbeitsplatzteilung aus, so ist die darauf gestützte Kündigung des Arbeitsverhältnisses eines anderen in die Arbeitsplatzteilung einbezogenen Arbeitnehmers durch den Arbeitgeber unwirksam. Das Recht zur Änderungskündigung aus diesem Anlass und zur Kündigung des Arbeitsverhältnisses aus anderen Gründen bleibt unberührt.

(3) Die Absätze 1 und 2 sind entsprechend anzuwenden, wenn sich Gruppen von Arbeitnehmern auf bestimmten Arbeitsplätzen in festgelegten Zeitabschnitten abwechseln, ohne dass eine Arbeitsplatz-

teilung im Sinne des Absatzes 1 vorliegt.

(4) Durch Tarifvertrag kann von den Absätzen 1 und 3 auch zuungunsten des Arbeitnehmers abgewichen werden, wenn der Tarifvertrag Regelungen über die Vertretung der Arbeitnehmer enthält. Im Geltungsbereich eines solchen Tarifvertrages können nicht tarifgebundene Arbeitgeber und Arbeitnehmer die Anwendung der tariflichen Regelungen über die Arbeitsplatzteilung vereinbaren.

A2 Gesetz für die gleichberechtigte Teilhabe von Frauen und Männern an Führungspositionen in der Privatwirtschaft und im öffentlichen Dienst[178]

ARTIKEL 1
Gesetz über die Mitwirkung des Bundes an der Besetzung von Gremien (Bundesgremienbesetzungsgesetz – BGremBG)

§ 1 Ziel des Gesetzes

Ziel des Gesetzes ist die paritätische Vertretung von Frauen und Männern in Gremien, soweit der Bund Mitglieder für diese bestimmen kann.

§ 4 Vorgaben für Aufsichtsgremien

(1) In einem Aufsichtsgremium müssen ab dem 1. Januar 2016 mindestens 30 Prozent der durch den Bund zu bestimmenden Mitglieder Frauen und mindestens 30 Prozent Männer sein. Der Mindestanteil ist bei erforderlich werdenden Neuwahlen, Berufungen und Entsendungen zur Besetzung einzelner oder mehrerer Sitze zu beachten und sukzessive zu steigern. Bestehende Mandate können bis zu ihrem vorgesehenen Ende wahrgenommen werden. Stehen dem Bund insgesamt höchstens zwei Gremiensitze zu, sind die Sätze 1 bis 3 nicht anzuwenden. Bestimmen mehrere Institutionen des Bundes nach § 3 Nummer 3 Mitglieder eines Gremiums, ist die Gesamtzahl der zu bestimmenden Mitglieder maßgeblich. Bei den Berechnungen ist zur nächsten vollen Personenzahl aufzurunden.

---

[178]Bundesgesetzblatt Jahrgang 2015 Teil 1 Nr.17, ausgegeben zu Bonn am 30.April 2015. Online verfügbar unter http://www.bgbl.de/ xaver/bgbl/start.xav?startbk=Bundesanzeiger_BGBl&jumpTo= bgbl115s0642.pdf, zuletzt geprüft am 09.08.2015.

(2) Es ist das Ziel, ab dem 1. Januar 2018 die in Absatz 1 genannten Anteile auf 50 Prozent zu erhöhen. Steht dem Bund insgesamt eine ungerade Anzahl an Gremiensitzen zu, darf das Ungleichgewicht zwischen Frauen und Männern nur einen Sitz betragen.

(3) Bei einer Unterschreitung der Vorgaben nach den Absätzen 1 und 2 ist das Bundesministerium für Familie, Senioren, Frauen und Jugend unverzüglich zu unterrichten; die Unterschreitung ist zu begründen.

§ 5 Vorgaben für wesentliche Gremien

(2) Bei wesentlichen Gremien haben die Institutionen des Bundes darauf hinzuwirken, dass eine paritätische Vertretung von Frauen und Männern geschaffen oder erhalten wird. Dieses Ziel kann stufenweise entsprechend den Vorgaben in § 4 Absatz 1 und 2 erreicht werden.

ARTIKEL 2
Gesetz für die Gleichstellung von Frauen und Männern in der Bundesverwaltung und in den Unternehmen und Gerichten des Bundes (Bundesgleichstellungsgesetz - BGleiG)

Abschnitt 1: Allgemeine Bestimmungen

§ 1 Ziele des Gesetzes

(1) Ziel des Gesetzes ist es,

1. die Gleichstellung von Frauen und Männern zu verwirklichen,

2. bestehende Benachteiligungen auf Grund des Geschlechts, insbesondere Benachteiligungen von Frauen, zu beseitigen und künftige Benachteiligungen zu verhindern sowie

3. die Familienfreundlichkeit sowie die Vereinbarkeit von Familie, Pflege und Berufstätigkeit für Frauen und Männer zu verbessern.

(2) Nach Maßgabe dieses Gesetzes wird die tatsächliche Durchsetzung der Gleichberechtigung von Frauen und Männern gefördert. Strukturelle Benachteiligungen von Frauen sind durch deren gezielte Förderung zu beheben.

(3) Bei der Erreichung der Ziele sind die besonderen Belange behinderter und von Behinderung bedrohter Frauen im Sinne von § 2 Absatz 1 des Neunten Buches Sozialgesetzbuch zu berücksichtigen. Im Übrigen gilt § 2 Satz 2 des Gesetzes zur Gleichstellung behinderter Menschen.

Abschnitt 4: Vereinbarkeit von Familie, Pflege und Berufstätigkeit für Frauen und Männer

§ 16 Teilzeitbeschäftigung, Telearbeit, mobiles Arbeiten und Beurlaubung zur Wahrnehmung von Familien- oder Pflegeaufgaben

(1) Die Dienststellen haben Anträgen von Beschäftigten mit Familien- oder Pflegeaufgaben auf familien- oder pflegebedingte Teilzeitbeschäftigung oder Beurlaubung zu entsprechen, soweit zwingende dienstliche Belange nicht entgegenstehen; dies gilt auch bei Arbeitsplätzen mit Vorgesetzten- oder Leitungsaufgaben ungeachtet der Hierarchieebene. Im Rahmen der dienstlichen Möglichkeiten haben die Dienststellen den Beschäftigten mit Familien- oder Pflegeaufgaben auch Telearbeitsplätze, mobile Arbeitsplätze oder familien- oder pflegefreundliche Arbeits- und Präsenzzeitmodelle anzubieten. Die Ablehnung von Anträgen muss im Einzelnen schriftlich begründet werden.

(2) Die Dienststellen müssen Beschäftigte, die einen Antrag auf

Teilzeitbeschäftigung, familien- oder pflegefreundliche Arbeitszeitmodelle oder Beurlaubung zur Wahrnehmung von Familien- oder Pflegeaufgaben stellen, frühzeitig in Textform hinweisen auf:

1. die Folgen einer Bewilligung, insbesondere in beamten-, arbeits-, versorgungs- und rentenrechtlicher Hinsicht, sowie

2. die Möglichkeit einer Befristung mit Verlängerungsoption und deren Folgen.

(3) Die Dienststellen haben darauf zu achten, dass

1. Beschäftigte, deren Antrag auf Teilzeitbeschäftigung, familien- oder pflegefreundliche Arbeitszeitmodelle oder Beurlaubung zur Wahrnehmung von Familien- oder Pflegeaufgaben positiv entschieden wurde, eine ihrer ermäßigten Arbeitszeit entsprechende Entlastung von ihren dienstlichen Aufgaben erhalten und

2. sich aus der ermäßigten Arbeitszeit keine dienstlichen Mehrbelastungen für andere Beschäftigte der Dienststelle ergeben.

(4) Die Vorschriften des Teilzeit- und Befristungsgesetzes zur Teilzeitbeschäftigung sowie sonstige gesetzliche Regelungen zur Teilzeitbeschäftigung oder zur Beurlaubung bleiben von den Absätzen 1 bis 3 unberührt.

A3 Fragen an Tandemploy

1. Wie wird die Entwicklung von Tandemploy nach Einführung der „Frauenquote" für Managementposten eingeschätzt? Wird der Bedarf bzw. das Angebot seitens der Unternehmen an Jobsharing größer?

Ich würde sagen „ja". Was helfen Frauenquoten, wenn nicht in den Unternehmen nachhaltig Infrastrukturen aufgebaut werden, die die Vereinbarkeit von Familie und Beruf wirklich gewährleisten? Und dabei sind v.a. Flexible Arbeitsmodelle wie Jobsharing nötig, damit Frauen an bestimmten Punkten der Karriere sich nicht doch wieder für das ein oder andere entscheiden müssen.

2. Kann die Annahme bestätigt werden, dass überwiegend Frauen an Jobsharing interessiert sind?

Im Moment zieht das Modell noch überwiegend Frauen an. Aber je bekannter das Thema wird und auch Praxisbeispiele von Männern im Jobsharing aufgezeigt werden, desto mehr fühlen sich auch immer mehr Männer angesprochen. Wir haben eine Männerquote von 30% auf unserer Plattform. Das ist weitaus mehr als die durchschnittliche Teilzeitquote bei Männern in Deutschland. Diese liegt bei unter 7% und in der Industrie sogar unter 1,5%. Das zeigt, dass Jobsharing ein Menschenthema ist und Frauen UND Männer anspricht.

3. Können Angaben darüber gemacht werden, wie häufig nach Jobsharing in Führungspositionen gesucht wird? Wenn ja, wie oft ist eine solche Vereinbarung zustande gekommen?

Hierzu haben wir leider keine genauen Zahlen. Da Jobsharing aber die Lücke zwischen klassischer Teilzeit und Vollzeit schließt, werden Stellen teilzeittauglich, die es bis dato nicht waren– und zwar bis in die Führungsetagen. Daher wird natürlich oft nach „Topsharing" gefragt bzw. ist für Unternehmen sehr spannend und wird sich bestimmt in Zukunft noch weiter etablieren.

4. Geschäftsbeschreibung „Tandemploy"

Mit Tandemploy haben wir die führende Online-Plattform für Jobsharing geschaffen. Hier finden Menschen den perfekten Partner zum Teilen eines Jobs – und treffen auf die Unternehmen, die Jobsharing offen gegenüberstehen.

Unternehmen finden auf Tandemploy:

- Pendants für Mitarbeiter, die ihre Arbeitszeit reduzieren möchten (oder müssen), aber zur Zeit einen klassischen Vollzeitjob ausüben.

- bereits gebildete Tandems, die gemeinsam mehr können als einer allein und freie Vollzeitstellen mit doppelter Kompetenz besetzen.

Jobsharing-interessierte Kandidaten finden bei uns:

- durch einen automatisierten Matching-Algorithmus den perfekten Teampartner, mit dem sie effizient zusammenarbeiten und sich optimal ergänzen können.

- jobsharing-freundliche Unternehmen, die bereits Jobsharer beschäftigen oder sich auf zukünftige Jobsharing-Bewerbungen freuen.

- alle Neuigkeiten und praktische Hilfestellungen rund ums Thema Jobsharing.